Frettchen ...
das unbekannte Wesen?

Vet. med. Gisela Henke

Das Frettchen als Haustier in der Kleintiersprechstunde

Erstausgabe 2002
Erweiterte Neuauflage 2005
Erweiterte Neuauflage 2013

ISBN 3-929744-16-3

graphische werkstätten zittau gmbh
druckerei und verlag
an der sporthalle 2
02763 zittau
Tel. 03583 512635, Fax 03583 510298
info@gwz.io
www.gwz.io

Gisela Henke
13591 Berlin

www.tierarztpraxis-henke.de
www.frettchendoc.de

Druck und Vertrieb: graphische werkstätten zittau gmbh

Satz, Layout und Vertrieb: Fabian Fischer (Berlin),
Gisela Henke (Berlin),
graphische werkstätten zittau gmbh

Grafik: Dr. Petra Kattinger (Kleinmachnow)

Fotos: Florian Möllers (Lübeck),
Dr. Petra Kattinger (Kleinmachnow),
Gisela Henke (Berlin),
Andreas Jäffke (Berlin)

Inhalt

II. Kapitel: Krankheiten

Vorwort

Das Buch ist entstanden aus über 20-jähriger Erfahrung mit Frettchen in eigener Haltung und in der Kleintiersprechstunde. Es erhebt nicht den Anspruch einer wissenschaftlichen Arbeit, sondern beruht zum Großteil auf eigenen praktischen Erfahrungen.

Berlin im Sommer 2002, TÄ Gisela Henke,
gewidmet meiner Mutter

Aufgrund neuer Erkenntnisse und Änderungen im Arzneimittelgesetz war mir eine Verbesserung mit Umarbeitung und Ergänzungen einiger Kapitel wichtig.

Berlin im Herbst 2005, TÄ Gisela Henke

Aktualisierte Auflage und neue Erfahrungen in der Behandlung.

Berlin, Sommer 2013, TÄ Gisela Henke

I. Kapitel: Grundlagen

1. Abstammung

Der Stammvater der Frettchen (lat.: Mustela putorius furo nach Prof. Grzimek oder Putorius putorius forma domestica nach Brockhaus Enzyklopädie, engl.: „ferret“, franz.: „furet“, tschechisch: fretka) ist der Iltis. Vor etlichen tausend Jahren wurden die Frettchen aus dem Albinoiltis gezüchtet, da dieser zahmer und leichter zu halten, vielleicht auch besser zu sehen war. Bei Milch und Weißbrot wurden die Frettchen als Ratten- und Mäusefänger eingesetzt. Viele Menschen sind leider auch heute noch der Meinung, dass die Tiere bei Fütterung von rohem Fleisch bissig werden, oder halten sie wenig artgerecht in Kaninchenverschlägen. Queen Viktoria hielt sie bereits als Kuscheltiere.

Von Jägern werden Frettchen noch häufig zum so genannten Frettieren eingesetzt.

Das Schwarzfußfrettchen, die einzig existierende Wildform, lebt in Amerika, doch nur noch in einem winzigen Gebiet mit wenigen Tieren. Die Amerikaner betreiben mit ihnen ein Zucht- und Auswilderungsprogramm.

In Neuseeland, England und Spanien leben heute die verwilderten Nachkommen der Frettchen, die dort zur Bekämpfung der Kaninchenplage ausgesetzt wurden.

Verwandte Marderartige:

Der Iltis (Mustela putorius): Er ist dämmerungs- und nachtaktiv und obwohl er aufgrund von Lebensraumzerstörung bedroht ist, wird ihm immer noch als jagdbares Wild mit Fallen nachgestellt.

Die Wiesel: Dazu zählen das Zwergwiesel, das Mauswiesel, das Großwiesel (im Winter das Hermelin).

Der Steinmarder hat graubraunes Fell mit einem weißen Brustlatz. Er ist ein Kulturfolger geworden.

Der Baummarder hat dunkelbraunes Fell und einen gelben Brustlatz und ist ein scheuer Waldbewohner.

Der Dachs ist unser größter einheimischer Marder.

Der Otter ist hervorragend an das Leben im und am Wasser angepasst und als so genannter Fischräuber und durch Lebensraumzerstörung fast ausgerottet.

Europäischer Nerz
Foto: Euronerz, aufgenommen und überlassen von Florian Möllers

Der europäische Nerz ist sehr stark vom Aussterben bedroht, da ihn die anpassungsfähigen und stärkeren Minks (aus Pelztierfarmen freigelassene und verwilderte amerikanische Nerze) aus seinen Lebensräumen verdrängt haben. In der Zusammenarbeit mit Russland und Spanien laufen seit einigen Jahren erfolgreich Zucht- und Auswilderungsprogramme durch den Verein Euronerz e.V. in Osnabrück.

Das Frettchen ist somit der einzige domestizierte Vertreter der Marderartigen und gehört neben Hund und Katze zu den einzigen domestizierten Raubtieren. Entgegen einer häufigen Meinung ist das Frettchen ebenso wenig wie Hund oder Katze ein Tier, das „in den Wald gehört“. Vielen ist leider immer noch nicht bewusst, dass Frettchen keine Wildtiere sind.

2. Farbvarianten

Der Ursprung soll die Albinovariante des Iltis sein. Daraus sind durch Einkreuzung mit Iltissen die 4 Hauptfarben: Albino, Iltis, Zimt (Siam) und Harlekin (weiße Pfoten und weißer Brustlatz) hervorgegangen.

Albino und Iltis.

Zimt (Siam)

Harlekin
(weiße Pfoten und weißer Brustlatz)

Neuere Züchtungen sind: weiß mit schwarzen Augen, Panda (weiß mit dunklen Stichelhaaren) und Langhaarfrettchen (Angora).

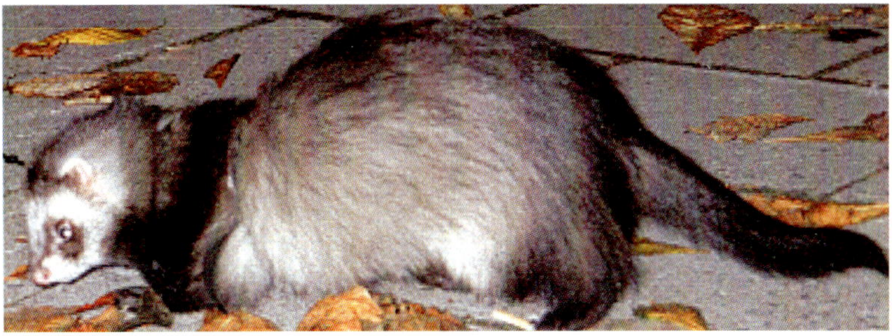

Langhaarfrettchen (Angora)

Diese neueren Züchtungen müssen leider teilweise als Qualzuchten bezeichnet werden, da z. B. Langhaarfähen nicht in der Lage sind, ihre Jungen ausreichend zu säugen und deshalb zur Aufzucht eine (welpenlose) Amme benötigt wird. Die Haare, die bei diesen Frettchen gelegentlich in der Nasenmuschel wachsen, sind sicher eher hinderlich. Die so genannten Dachsfrettchen mit weißer Blässe auf der Stirn sind meist taub.

Da die entsprechenden Gene rezessiv vererbt werden, können nach Generationen und für den Besitzer vollkommen unverhofft Symptome und damit Probleme auftreten.

3. Haltung

Die bevorzugte Haltung ist die Wohnungshaltung. Die Tiere laufen frei in der Wohnung und nur, wenn der Besitzer aus dem Haus geht, werden die Tiere eingesperrt. Als Mindestausstattung des Käfigs bieten sich an: ein Schlafhaus mit Tüchern, Katzentoilette mit Streu, Fressnäpfe und Nippeltränke oder besser ein Wassernapf zum Anhängen. Der Käfigboden sollte nicht mit Streu bedeckt sein, denn die Tiere legen ihr Futter zum Fressen neben den Napf und würden somit ihr Futter „panieren". Das Schlafhaus darf nicht mit Heu ausgepolstert werden, da dieses schnell schimmeln könnte. Besser sind nicht Fäden ziehende Tücher aus Baumwolle, die mindestens einmal wöchentlich gewechselt werden, da Frettchen ihr Futter oft in die Hütte schleppen.

Bezüglich einer zusätzlichen Ausstattung sind der Phantasie keine Grenzen gesetzt. Frettchen lieben Hängematten, Bretter zum Springen, Kletterröhren (Drainagerohre). Sie sind zwar geschickte Kletterer und Springer, aber um die Absturzgefahr gering zu halten, sollten die Käfigebenen möglichst abgesichert gestaltet werden (Leistchen gegen Abrutschen, nicht zu große Abstände zwischen den Sprungbrettern, Hängematten als Auffangtücher).

Im Handel gibt es leider noch keine geeigneten Frettchenkäfige, deshalb sollte nach eigenen Wünschen und Maßen ein geeigneter Käfig gebaut werden. Die Ecken müssen zu Reinigungszwecken gut zugänglich und der Bodenbelag gut zu säubern sein.

Eine Alternative ist die Balkonhaltung, am besten mit Katzenklappe als Zugang in die Wohnung. Dazu muss der Balkon natürlich ausbruchsicher gestaltet werden und es muss eine wetterfeste und vielleicht auch sonnengeschützte Ecke eingerichtet werden (Süd- oder Westseite sollte tabu sein). Vorsicht! Unter einer Markise staut sich die Hitze. Im Winter muss der Besitzer darauf achten, dass Futter und v. a. Wasser nicht einfrieren, denn Frettchen, die nicht trinken können, fressen auch nicht. Gut eignet sich dafür eine isolierte, kombinierte Schlaf-Futterhütte in zwei Etagen.

Eine Einzelhaltung ist im Winter äußerst ungeeignet. Im Rudel können sich die Tiere gegenseitig wärmen.

Im Sommer machen Fliegenmaden Probleme. Nach ca. 6 Std. müssen alte Futterreste durch frisches Futter ersetzt werden. Ein Stück Stoff vor dem Eingang zur Hütte schützt vor Fliegen und vor Kälte.

Für Gartenbesitzer bietet sich die Möglichkeit der Volierenhaltung mit Freilauf in ein Gehege und/oder Zugang zur Wohnung an.

Eine isolierte Haltung auf dem Balkon oder in einer Voliere ist für die Beurteilung des Allgemeinbefindens und die Beobachtung der Frettchen ungeeignet, da Krankheitsprobleme lange verborgen bleiben können und sich die Tiere bei einmaligem, kurzen Kontakt ihrem Besitzer gegenüber völlig unauffällig geben können. Dies macht sie noch sehr vergleichbar mit den Wildtieren, die ja darauf angewiesen sind, Krankheitssymptome möglichst lange unterdrücken zu können.

Ein Minimum an Freilauf sind 3-4 Std. auf 2-3 „Portionen" aufgeteilt.

Unser Frettchen ist im Gegensatz zum Iltis ein Rudeltier.

Wir empfehlen deshalb die paarweise oder Gruppenhaltung. Sie vertragen sich mit Hunden und Katzen, sie passen sich an deren Verhalten an.

Mit Nagern und Vögeln gibt es natürlich Probleme, evtl. können sich große Kaninchen und Papageien gegen einzelne Frettchen durchsetzen.

Das Frettchen nimmt aber auch den Menschen als Rudelgenossen an. Mit Kindern, so ab 10 Jahren, kommen die Frettchen gut klar, es wird gerne miteinander gespielt. Wichtig ist dabei natürlich immer die verantwortungsvolle Oberaufsicht der Eltern. Ohne diese sind Kinder mit der Frettchenhaltung überfordert. Alle Familienangehörigen müssen mit der Anschaffung eines Frettchens als Haustier einverstanden und bereit sein, auch mal beim Saubermachen und Füttern mitzuhelfen.

Kleinkinder und vor allem Säuglinge sollten nicht ohne Aufsicht mit Frettchen allein gelassen werden. Der Geruch der Babyhaut oder der Hautcreme zieht Frettchen magisch an. Es gibt aber auch Frettchen, die sich gerne zu „ihrem" Baby ins Kinderbett kuscheln und es bewachen.

Zurzeit werden Frettchen lt. Gesetz noch als Heimtiere, d. h. „Käfigtiere“ bezeichnet. Das hat für den Bewohner einer Mietwohnung den Vorteil, dass die Frettchenhaltung nicht unbedingt dem Vermieter gemeldet werden muss. Besser ist es natürlich immer, das Einverständnis des Vermieters einzuholen. Evtl. wird aber das Tierschutzgesetz geändert, dass es, so wie in Schweden, generell verboten wird, Frettchen im Käfig zu halten. Ein kleiner Fortschritt war es, dass sich die Zooläden vom Zoofachverband ein Präsentationsverbot auferlegt haben, da ihnen keine artgerechte Unterbringung möglich ist und selten ausreichend Fachwissen an den Neubesitzer weitergegeben werden kann.

In den USA ist in einigen Staaten die Haltung von Frettchen generell verboten, in anderen Staaten ist die Zucht nur einigen Großzüchtern vorbehalten. Tiere, die nicht zur Zucht verwendet werden sollen, werden bereits vor der achten Woche kastriert.

4. Wissenswertes zur Anatomie

Frettchen haben sowohl an den Vorder- als auch an den Hintergliedmaßen fünf und unabhängig von der Fellfarbe, helle Krallen, die nicht eingezogen werden können.

Sie besitzen 14 Rippenpaare und damit einen sehr lang gezogenen Brustkorb. Der Bauchnabel liegt ziemlich weit caudal. Zur Kastration der Fähen und zur Inspektion des oberen Abdomens kann deshalb bequem cranial des Nabels geschnitten werden.

Frettchenrüden haben einen am Ende korkenzieherartig gebogenen Penisknochen. Die Öffnung des Präputiums liegt kurz vor dem Nabel.

Ein Blinddarm fehlt bei den Frettchen. Sie besitzen Analdrüsen (Stinkdrüsen), die bei Schreck und zur Verteidigung gegen Artgenossen oder gegen Feinde entleert werden. Der extreme Geruch ist aber sehr schnell verflogen. Es ist vom Tierschutzgesetz verboten und auch nicht notwendig, die Drüsen zu entfernen, da sie unter normalen Haltungsbedingungen äußerst selten eingesetzt werden. Einige Tiere entleeren ihre Drüsen während völliger Entspannung. Dies kann ein Zeichen für eine übermäßige Füllung sein. Die

Lebenserwartung beträgt 7-8 Jahre, wobei die Rüden in der Regel kürzer leben, als die wesentlich agileren Fähen. In Einzelfällen können Frettchen aber auch 10 oder 11 Jahre alt werden.

5. Zähne und Zahnwechsel

In der 2. Lebenswoche brechen die ersten Milch-Canini oben durch. Mit 6 Wochen ist das Milchgebiss mit 28 Zähnen komplett durchgebrochen. Ab der 7. Woche beginnt der Zahnwechsel, in der 8. Woche stehen die bleibenden Canini vor den Milchcanini. Vollständig abgeschlossen ist der Zahnwechsel mit 3½ Monaten.

Zahnformel

Milchgebiss: $\frac{3i\ 1c\ 3p}{3i\ 1c\ 3p}$ Bleibendes Gebiss: $\frac{3I\ 1C\ 3P\ 1M}{3I\ 1C\ 3P\ 2M}$

6. Fütterung

Bei artgerechter Fütterung und Haltung gibt es keine übermäßig verfetteten Tiere.

Im ersten Winter nach der Geburt, d. h. mit ca. 6-9 Monaten haben sie ihren gewichtsmäßigen Höhepunkt. Sie müssen sich für die Ranz im Frühjahr „Babyspeck“ anfressen und verbrauchen dann ihre Fettreserven, wenn sie „voll in der Ranz sind“. Sie erreichen trotz Kastration dann nicht mehr ihr Jugendgewicht. Die niedlichen, pummeligen Jungtiere „schrumpfen“ nach der Kastration und werden dafür „knackiger“ und muskulöser. An diesem athletischen Körperbau lässt sich gut die artgerechte Haltung erkennen. Die Tiere müssen im Schulter- und im Beckenbereich gut bemuskelt sein (keine Knochen fühlbar) und der Bauch darf nicht schwabbelig durchhängen. Frettchen überfressen sich nicht am regulären Futter, d. h. es darf und soll ständig Futter zur freien Verfügung bereitstehen. Probleme bereiten nur Leckerbissen: Süßes, Banane, Katzenmilch, kommerzielle Leckerlis.

Die Tiere haben eine Darmpassage von nur 3 Std. Sie reagieren deshalb schnell mit Durchfall auf ungeeignete Nahrung und auf Nahrungsentzug. Die kurze Passagezeit ist auch der Grund dafür, dass ständig Futter bereitstehen soll.

Der Iltis als fast ausschließlicher Carnivore ernährt sich von am Boden lebenden Kleinsäugern aber auch von Amphibien und Reptilien, selten von Vögeln oder deren Gelege. Von süßen Beeren nascht er nur selten.

Unsere Frettchen als die domestizierten Abkömmlinge können Kohlenhydrate und nicht bereits durch Beutetiere vorverdaute pflanzliche Nahrung etwas besser verwerten, da der Magen-Darmtrakt länger ist. Es ist aber davon auszugehen, dass möglichst ursprungsnahe Fütterung am besten verdaut wird, denn die Kotkonsistenz ist dann optimal. So werden Eintagsküken oder Jungmäuse fast vollständig verwertet. Schlecht verdauliches Futter verursacht wesentlich größere Kotmengen von meist üblem Geruch. Die Gabe von frischem Fleisch verursacht etwas breiigen, dunklen Kot, Trockenfutter festen Kot.

Babybrei-Menü ab dem 4. Monat eignet sich auch gut als Diätfuttermittel oder als Aufbaunahrung bei kranken Tieren. Abzuraten ist von Dosenfuttersorten, deren Eiweißanteil nicht vollständig verdaut und als stinkender Durchfall wieder ausgeschieden wird. Dies ist meist bei Billigkatzenfutter der Fall. Außerdem kann schlecht verwertbares Futter zu erhöhten Leberwerten führen.

Futter kann den Kot sehr intensiv einfärben, z. B. Rinderfett färbt beigebraun, Paprika rot, gelb oder grün, Wassermelone führt zu rotem Durchfall.

Ein sehr gravierender Gesichtspunkt ist, dass ein Mangel an Freilauf oder anderer Stress Verdauungsprobleme begünstigt.

Frettchen werden sehr schnell zu sturen Futterspezialisten und sind dann nur äußerst schwierig umzugewöhnen. Sie sollen deshalb bereits als Welpen sehr abwechslungsreich ernährt werden: Verschiedene Sorten Frischfleisch (Geflügel- oder Rinderinnereien, auch grüner Blättermagen, Rindfleisch, Lammfleisch – alles roh oder gekocht –, gekochtes Schweinefleisch), Gemüse/Obst (Wassermelone, Gurke, Paprika, usw.), wichtig ist gutes Trockenfutter (auch fettreich für alte Katzen), Wasser. Das Fleisch soll in großen Brocken gereicht werden, also kein Schabefleisch. Die Verfütterung von Eintagsküken ist zwar zu empfehlen, aber für viele Besitzer nicht akzeptabel. Gutes Feuchtfutter kann in verschiedenen Variationen eher als Leckerbissen angeboten werden. Gekochter Süßwasserfisch oder roher Seefisch wird von einigen Tieren gerne genommen.

Inzwischen gibt es von einigen Futtermittelherstellern spezielles Frettchenfutter, sowohl als Trockenfutter als auch als Nassfutter. Es ist gut verträglich und wird nach einer Eingewöhnungsphase auch gut akzeptiert. Was die Inhaltsstoffe betrifft, sind sich die einzelnen Firmen noch nicht einig und zum Teil wir die Bildung von Zahnstein extrem gefördert. Häufig ist es sehr eiweißreich und eignet sich deshalb v. a. für Frettchen, die kein frisches Fleisch annehmen. Meine eigenen Erfahrungen sind, dass ein fetthaltigeres Fertigfutter bei zusätzlicher Frischfleischfütterung besser vertragen wird als eiweißreiches.

Vitaminpaste, Pflanzenöl oder Katzenmilch sind ein gern genommenes Zubrot und dienen zur Ablenkung beim Krallenschneiden, Ohrenreinigen, bei Injektionen beim Tierarzt und zur Medikamentenapplikation.

Milchprodukte sind einzuschränken, da sie zu gelblich, krümeligem Durchfall führen, dem so genannten „Milchschiss". Bananen können fürchterliche Zahnfleischentzündungen und Zahnbeläge verursachen.

Leckerbissen und „Breichen" sollten nur sehr dezent gegeben werden, da die Frettchen sonst sehr schnell ihre Ernährung darauf reduzieren.

Kranke Frettchen oder stressbelastete Abgabetiere verweigern häufig die Nahrungsaufnahme. Solche Tiere neigen dann sehr schnell zu oft wässrigem Durchfall und werden unbehandelt immer schwächer. Leider lässt sich dieser Durchfall in keiner Weise mit Medikamenten (mit Flosa Balance® lässt sich die Kotkonsistenz etwas eindicken, Vitaminpaste überdeckt den fruchtigen Geschmack des Medikaments) oder den gängigen Injektionen stoppen. Es hilft nur eine Zwangsernährung mit leicht verdaulicher Kost verdünnt mit Elektrolytlösung oder stillem Wasser. Auch hier eignen sich Babybrei-Menüs (sollte jeder Frettchenbesitzer zu Hause haben und jedes Frettchen sollte es schon einmal gefressen haben) oder

Rekonvaleszentennahrung vom Tierarzt am besten. Innerhalb von zwei bis drei Tagen bessert sich der Zustand des Tieres erheblich. Zur Unterstützung hat sich v.a. die Cortisongabe zusammen mit Chelidonium, Flüssigkeit und Antibiose gut bewährt.

Bei extremer Nahrungsverweigerung ist evtl. zu Beginn die Eingabe einer Glucoselösung notwendig, da alles andere verweigert oder erbrochen wird und sich bei Frettchen schnell eine Hungerketose entwickelt. Nach Normalisierung des Blutzuckerspiegels nehmen die Frettchen dann Babybrei eher an. Die Zwangsernährung muss zu Beginn alle 1-2 Std. durchgeführt werden. Es kann eine Einmalspritze verwendet werden oder die Tiere lecken das Futter vom Finger, später vom Löffel. Dabei muss oft mittels Nackengriff fixiert werden, da Frettchen alle Kraft zur Abwehr einsetzen. Für viele Besitzer ist dies eine sehr nervenbelastende Aufgabe, doch stationär im Klinikbetrieb kaum durchführbar, da die Frettchen auf Verlust des Rudels und des Besitzers zusätzlich äußerst sensibel reagieren.

Nach und nach kann das gewohnte Futter zu dem Brei gemischt werden. Appetitfördernd sind dabei ein leichtes Anwärmen und eine für jede Fütterung frisch angerichtete Portion.

7. Handling in der Praxis

a) Beobachtung in der Tragebox und allgemeine Beurteilung

Normalerweise sind die Tiere so neugierig, dass sie erwartungsvoll am Gitter stehen, sobald die Tragebox auf dem Behandlungstisch steht. Der Canel ist am besten bestückt mit einer Hängematte, Zeitungspapier und Wassernapf zum Hängen. Ein Tier, das nicht neugierig aus seinem Kuscheltuch guckt, ist bereits verdächtig.

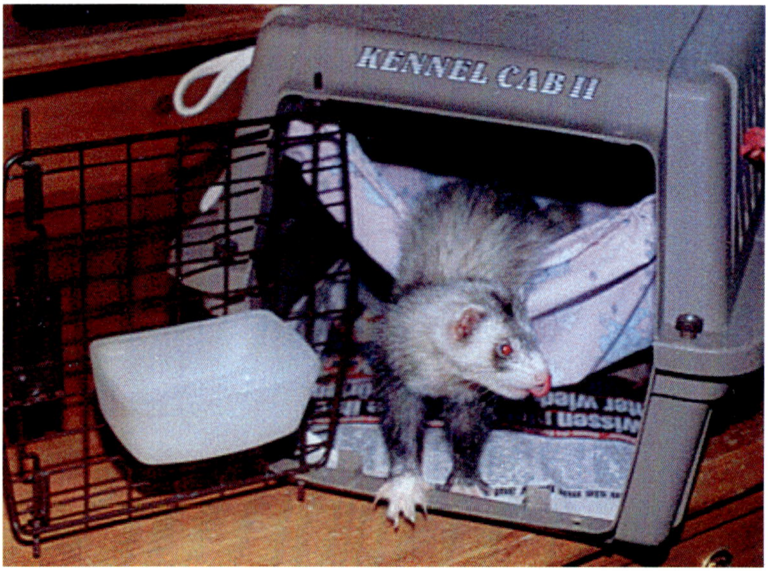

Beim Herausnehmen gewinnt man einen weiteren Eindruck bzgl. Gewicht und Körperform. Das Handling artgerecht gehaltener, gesunder Tiere bereitet i.d.R. keine Probleme. Vorsicht ist jedoch geboten bei Frettchen, die unter starken Schmerzen leiden, Jungtieren, die Hunger haben oder Tieren aus einem Labor oder aus Farmen. Der Nackengriff oder noch gravierendere Zwangsmaßnahmen werden also nur in Extremsituationen notwendig sein.

Für eine weitere Beurteilung kann das Frettchen jetzt auf den Boden oder in ein Katzenklo gesetzt werden.

Gesunde Tiere laufen herum und erkunden die neue Umgebung. In einer Ecke wird bald Kot und Harn abgesetzt. Man sollte grundsätzlich bei kränkelnden Tieren ein Teststäbchen als wichtiges diagnostisches Hilfsmittel in den Harn tauchen, da häufig Blut und Glucose (v. a. nach Cortisongabe) als Sekundärbefund im Harn gefunden werden. Der Kot sollte ein festes Würstchen sein.

An der Bewegungsfreudigkeit lässt sich einiges über den Gesundheitszustand abschätzen. Ein gockerndes, hüpfendes Frettchen wird nicht sonderlich krank sein. Zu berücksichtigen ist aber auch, dass selbst ein schwer krankes Frettchen kurze Zeit völlig unauffällig erscheinen kann und vor lauter Neugier jeden Winkel der Praxis inspiziert. Bleibt das Tier aber auf dem Boden sitzen oder gar liegen, ist von einer schwerwiegenden Erkrankung auszugehen, die kaum noch behandelbar ist. Besitzer und Tierarzt dürfen sich von kurzfristigen, „normal" anmutenden Aktivitäten nicht täuschen lassen. So kommt es häufig vor, dass die Tiere noch fressen und herumlaufen, dabei aber extreme Untertemperatur oder massiv erhöhte Blutwerte aufweisen. Auch ein Sektionsbefund nach einer evtl. erfolgten Euthanasie kann unvermutet starke Veränderungen verschiedener Organsysteme aufweisen. Andererseits haben Frettchen aber auch einen sehr starken Lebenswillen, so dass der Versuch einer intensivmedizinischen Therapie in fast aussichtslos erscheinenden „Fällen" gute Erfolgschancen haben kann.

b) Allgemeinuntersuchung des Tieres

Körperbau, Schleimhäute, Bindehäute, Zähne, Herz und Kreislauf, Abdomen, äußere und innere Körperlymphknoten sollten bei jeder Routineuntersuchung beurteilt werden.

Die Mandeln beim Frettchen sind grundsätzlich sichtbar und leicht rosa.

Zum Abhorchen des Rachenbereichs ist es wichtig, nicht das Fell im Nacken zu straffen, da sonst ein pfeifendes Atemgeräusch ausgelöst wird.

Selbst für eingehendere Untersuchungen sind keine Zwangsmaßnahmen notwendig, da sich Frettchen, erst mal auf den Geschmack gebracht, sehr leicht mittels Vitaminpaste, Pflanzenöl oder Katzenmilch zur Blutentnahme o. ä. „überreden" lassen.

Vor weiteren Untersuchungen sollten aber, schon zum eigenen Schutz, die Krallen der Tiere gekürzt werden.

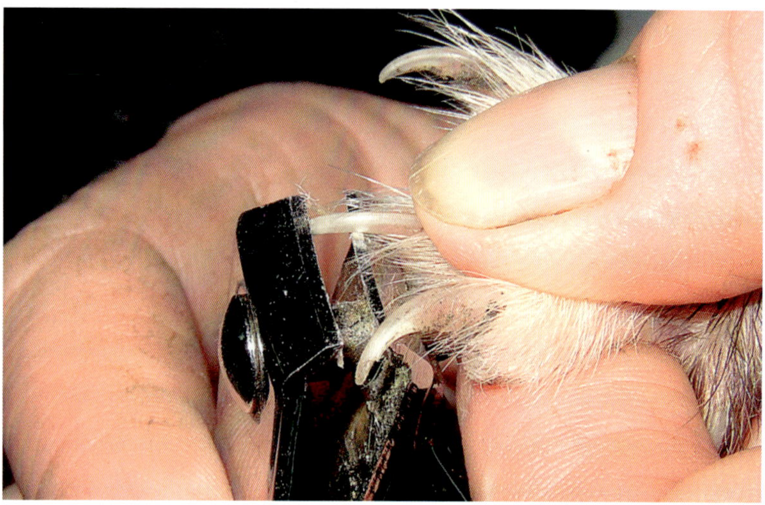

Bei der Untersuchung der Ohren lässt sich sehr häufig ein starker Milbenbefall erkennen, gegebenenfalls im Ausstrich unter dem Mikroskop. Auch wenn keine Milben direkt sichtbar sind, ist von einem positiven Befund auszugehen, sobald die Tiere bei der Ohrreinigung mit den Hinterpfoten kratzen („mithelfen"). Der Ohrmilbenbefall ist bei Frettchen hochansteckend und Tiere, die auf Ausstellungen gehen oder die häufig mit fremden Tieren evtl. auch nur indirekt über Kuscheltücher Kontakt haben, sollten regelmäßig kontrolliert werden. Hellbraunes Ohrensekret ist physiologisch.

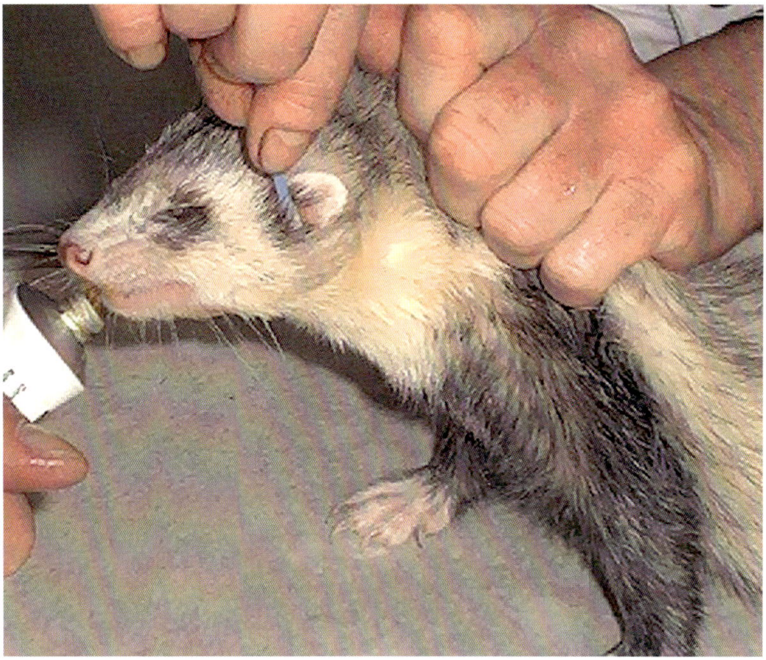

Die Auskultation des Herzens und der Lunge kann am besten direkt per Ohr an der Thoraxwand erfolgen, um Reibegeräusche über das Phonendoskop zu vermeiden.

Das Abdomen lässt sich sehr gut durchpalpieren. Physiologischerweise sind die beiden Nieren (die rechte knapp unter dem Rippenbogen), eine flache, kleine, zungenförmige Milz, Darmschlingen und eine gefüllte Blase zu ertasten.

c) Spezielle Untersuchungen

Durch Vitaminpaste oder Katzenmilch lassen sich die Tiere so gut ablenken, dass sich selbst das lebhafteste Tier zwanglos Blut abnehmen lässt. Die wichtigsten Parameter wie HB, Glukose, GPT, GOT, Urea, Crea, ALP geben bereits gute diagnostische Hinweise.

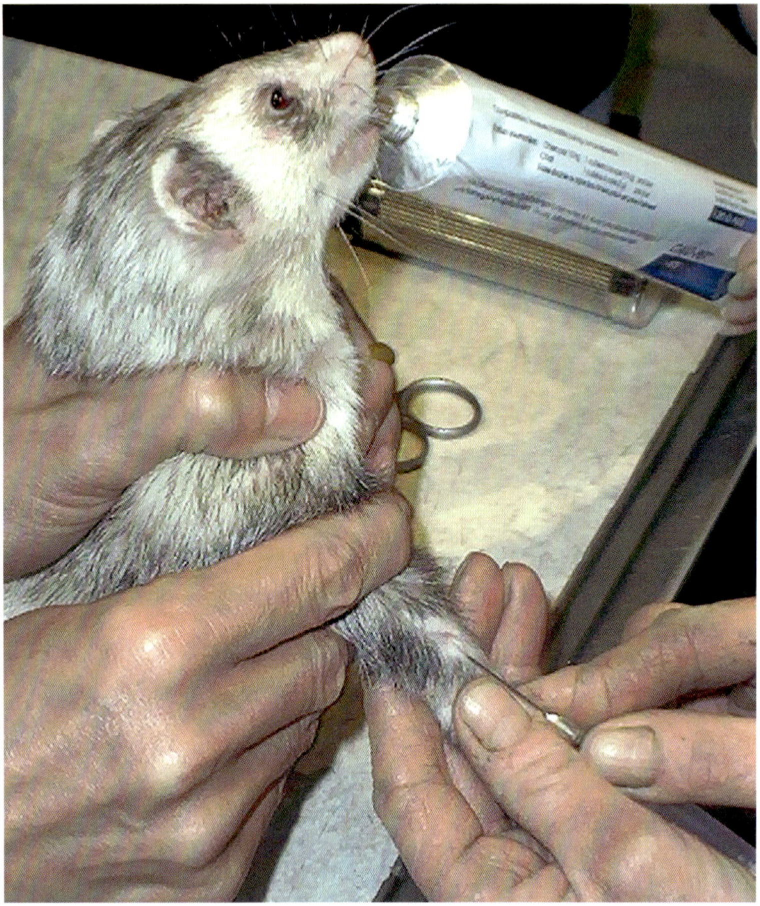

Sehr unwillige Tiere lassen sich evtl. mit Sedalin®-Paste (1/2 linsengroßes Häufchen) ruhigstellen. Ca. 5-10 min. später lassen sich die Tiere problemlos z. B. röntgen. Mit einer einheitlichen Belichtung für Thorax und Abdomen lassen sich gute Bilder herstellen.

Vorsicht: eine gute Herzbeurteilung ist nur bei nicht gekipptem Thorax möglich.

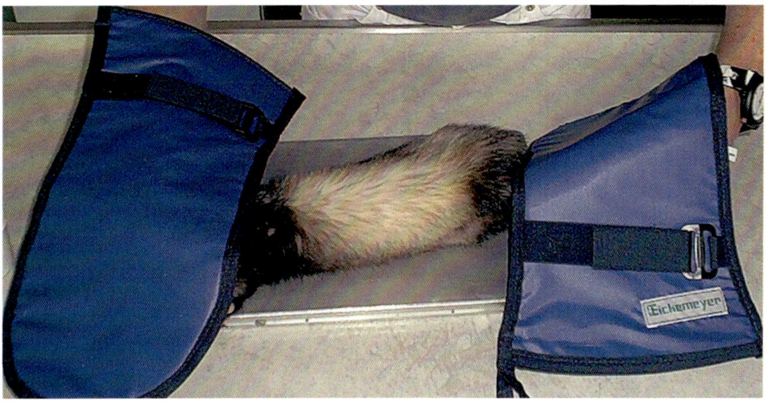

Wichtig: Von einer Hilfsperson die Hände abdecken lassen.

Meist ist es schwierig, die Vorderpfoten ganz nach vorne zu strecken, da das Frettchen zur Fixation im Nacken gegriffen werden muss. Auch dann hilft wieder Vitaminpaste, gehalten von einer zweiten Person, die gleichzeitig die Vorderpfoten streckt.

d) Injektionsarten

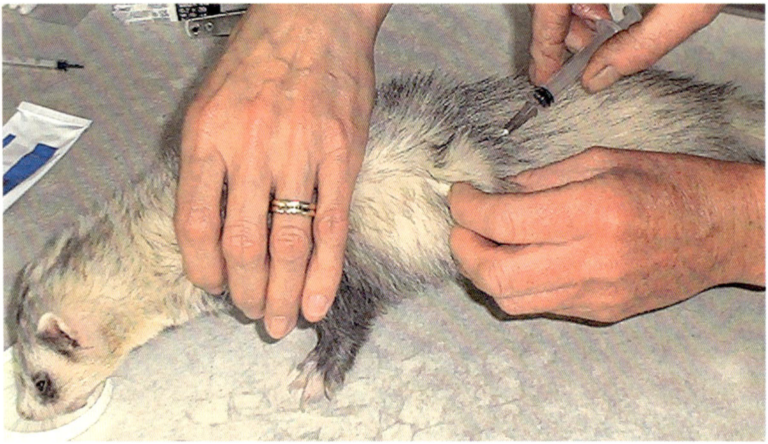

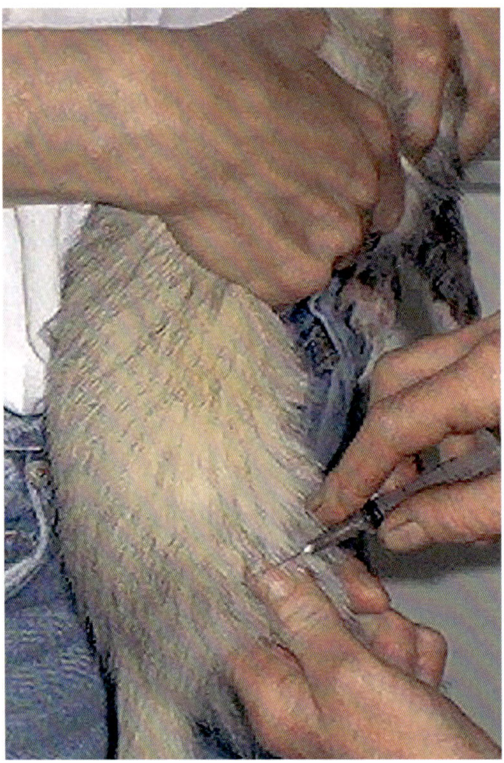

s.c.-Injektion, erleichtert durch ein Schälchen mit Pflanzenöl.

i.m.-Injektion, z.B. zur Narkose.

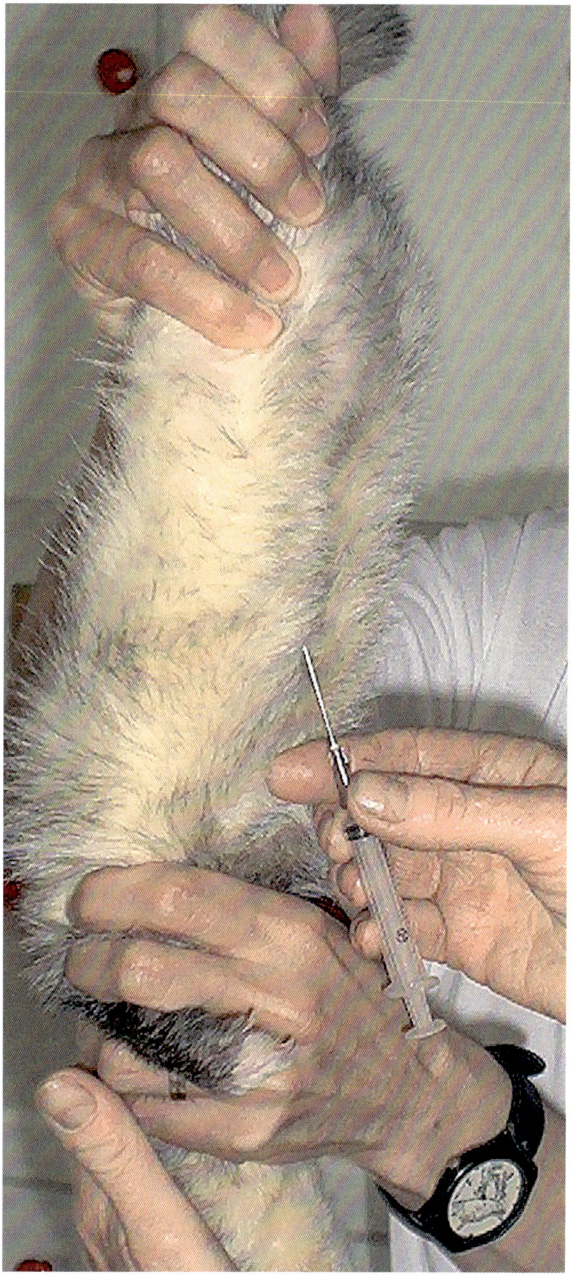

i.p.-Injektion am kopfüber hängenden Frettchen – gut geeignet zur Flüssigkeitsgabe bei stark ausgetrockneten Frettchen.

8. Allgemeines zur Behandlung und die Beratung des Besitzers bei der Erstvorstellung

Die Jungtiere werden meistens zwischen April und Juni geboren und mit der 8. Woche das erste Mal beim Tierarzt vorgestellt. Es erfolgt der allgemeine Untersuchungsablauf. Vorsicht, Jungtiere sind noch wuseliger und schreckhafter als ältere Tiere. Sie zwicken auch gelegentlich etwas, je nachdem, aus welchem „Elternhaus" sie stammen oder, wenn sie längere Zeit nichts gefressen haben, können sie vor Hunger fast aggressiv erscheinen.

Wichtig ist die Ohrenkontrolle und bei Rüden die Untersuchung, ob beide Hoden abgestiegen sind. Auf einen Kryptorchiden ist der Besitzer aufmerksam zu machen. Exakt mit der 8. Woche schieben die bleibenden Canini durch, während die Milchcanini noch stehen. Oft werden dem Besitzer zu junge oder ältere, unterentwickelte Tiere als 8 Wochen alte Welpen angeboten.

Die erste Impfung erfolgt meist in der 8. Woche gegen Staupe (andere Impfungen sind nicht relevant), 4 Wochen später ist die Wiederholungsimpfung zusammen mit der Impfung gegen die Tollwut. Es gibt von den Impfwerken Dessau einen extra für Frettchen zugelassenen Staupeimpfstoff, in Abpackungen zu je 5 Impfdosen. Gegen Tollwut ist für Frettchen ein Impfstoff sowohl von der Firma Intervet (Vorsicht: brennt unter der Haut) als auch von der Firma Merial zugelassen. (Die Umwidmung von Impfstoffen ist verboten.) Bei einer Umwidmung kann es Zwischenfälle in Form von blutigem Durchfall mit Erbrechen und Kreislaufzusammenbruch geben. Dies tritt äußerst selten und dann ca. 20 min. nach der Impfung auf und kann mit einem kurzwirkenden Glucocorticoid behoben werden.

Ob sich Frettchen unter normalen Haltungsbedingungen mit Parvovirose infizieren können, ist umstritten, unter Laborbedingungen ist eine Infizierung möglich. Gegen die Aleutenkrankheit (auch ein Parvovirus) wirkt unser Impfstoff nicht. Tiere, die in Freigehegen gehalten werden oder mit denen spazieren gegangen wird, oder die mit ins Ausland verreisen sollen, benötigen zusätzlich zur Staupeimpfung auch die Tollwutimpfung. Frettchen sind weitaus weniger anfällig gegen eine Tollwutinfektion als Skunks, die sogar nach oraler Virusaufnahme erkranken.

Trotz Wiederholungsimpfung kann ein starker Infektionsdruck in der Immunisierungsphase zu einem Staupedurchbruch führen. Es ist sehr wichtig, jedem Frettchenbesitzer die Staupeimpfung zu empfehlen, da die Erkrankung meist tödlich endet.

Beim ersten Vorstellen in der Praxis soll der Besitzer auch bzgl. Haltung (viel Freilauf, Sozialkontakt zu anderen Frettchen und zu Menschen), über Fütterung und über Gefahren durch das Tier und für das Tier aufgeklärt werden.

Die Tiere stammen häufig aus Tierläden oder von schlechten Züchtern, so dass den Neubesitzern nur unzureichende oder falsche Informationen mitgegeben wurden.

Die Probleme, die mit der Ranz auftreten, müssen mit dem Besitzer durchgesprochen werden. Aus Gründen, die noch aufgeführt werden, ist dringend zu einer Kastration zu raten und zwar sowohl beim Rüden als auch bei der Fähe gleich bei Ranzbeginn.

9. Zucht

a) Die Ranz beim Rüden, die Ranz bei der Fähe, Probleme bei der Zucht

Im ersten Frühjahr nach der Geburt kommen Rüde und Fähe in die Ranz. Beim Rüden wachsen die Hoden bis Kirschgröße an, sein Fell wird stumpf, auf der Haut sind gelbliche Beläge sichtbar, er verbreitet einen strengeren Geruch (der Rüde ist „ranzig“). Der Rüde markiert jetzt sein Revier. Dabei rutscht er über alle Unebenheiten drüber und markiert sie mit Urin. Immer häufiger werden Jungrüden bereits im Alter von 4 Monaten, d. h. im Herbst geschlechtsreif. Die Rüden beißen sich untereinander und die Fähen werden geschleppt. Damit Ruhe ins Rudel kommt, sollten sie kastriert werden. Der für den Besitzer unangenehme Geruch verschwindet mit der Kastration, er entsteht nicht (!) durch das Analbeutelsekret.

Beim Weibchen schwillt die Vulva an. Sie ist zu Beginn der Ranz erst erbsgroß und rosa, sie kann aber bis gut kirschgroß und dann blassrosa werden. Auch die Fähen markieren ihr Revier mit Kot und

Urin und mittels „Drüberrutschen“ oder winzigen Kot- und Harnspuren mitten im Raum. Aus der Vulva fließt z.T. leicht milchiger Schleim und das Fell am Unterbauch ist ständig verklebt. Rüde und Fähe sind in dieser Zeit sehr unruhig. Sie fressen nur das Notwendigste, oder sie werden extrem anhänglich.

Deshalb wird auch aus psychischen Gründen für Rüde und Fähe geraten, sie jeweils zu Beginn der Ranz kastrieren zu lassen.

Eigentlich sollte der Zyklus bei der Fähe polyöstrisch saisonal sein, doch meist bleibt die Fähe mit kleinen Schwankungen bis zum Herbst, wenn die Tage kürzer werden, in der Ranz. Dies läuft nur in den seltensten Fällen ohne Probleme ab. Meist führt diese sog. Dauerranz zu hochgradiger Anämie, Blutgerinnungsstörungen (Blut im Urin) (östrogenbedingte Panzytopenie) und Leberproblemen. Die Fähe nimmt ab und verliert ihre Grannenhaare, das Fell wird „plüschig“. Das Fell der Innenschenkel ist verklebt. Diese Probleme der Dauerranz können bereits 4 Wochen nach Ranzbeginn auftreten.

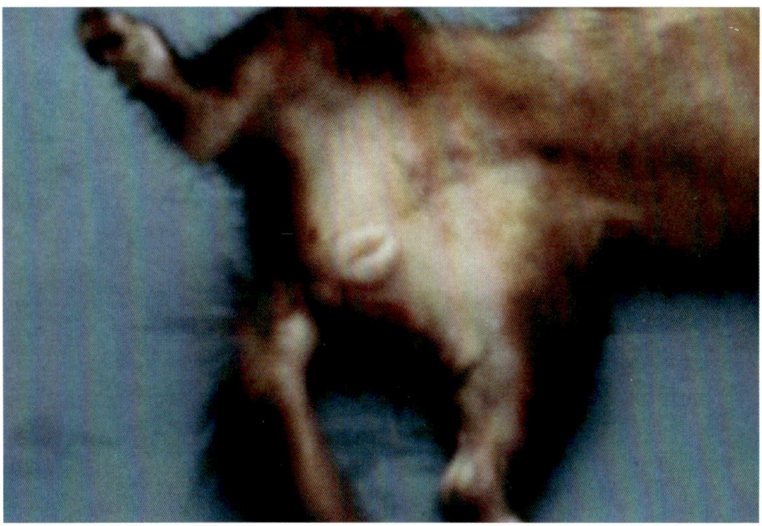

Fähe in der Dauerranz.

Von einer Kastration vor der Geschlechtsreife raten wir ab, da eine Nebennierenüberfunktion (s. Kapitel: Probleme nach der Kastration) dadurch möglicherweise früher ausgelöst wird. Der operative

Eingriff ist zu diesem Zeitpunkt auch deutlich risikoreicher, da die Fähen im ersten Winter viel Speck im Bauchraum gespeichert haben und somit die noch winzigen Ovarien an den sehr zarten Uterushörnen wesentlich schwieriger vorgelagert werden können. Vor der Ranz erfordern umfangreiche Fettpolster um die Eierstöcke einen größeren Bauchschnitt.

Will der Besitzer unbedingt züchten, soll er seine Fähe möglichst früh im Frühjahr belegen lassen; einmal aus oben genannten Gründen und außerdem sind die später geborenen Nachkommen im kommenden Frühjahr zu jung zur Zucht, da sie unabhängig vom Alter im Frühjahr in die Ranz kommen. Sie sind zwar geschlechtsreif, aber noch nicht zuchtreif. Ein 4 Monate alter Rüde weiß mit der Fähe noch nichts anzufangen, und die Fähe ist natürlich noch zu unreif für eine Trächtigkeit.

Zum Decken wird die Fähe für ein paar Stunden zum Rüden gegeben. Der Besitzer der Fähe muss genau über den Decktermin Bescheid wissen, um sich danach den Wurftermin ausrechnen zu können. Vorspiel und Deckakt selbst scheint in unseren Augen eine ziemlich brutale Angelegenheit zu sein. Die Fähe hat sich aber in der Ranz einen dicken „Ranznacken" zugelegt, so dass sie den Nackenbiss unbeschadet übersteht. Rüde und Fähe müssen eine Weile „gehangen" haben und nach erfolgtem Deckakt muss eine ca. erbsgroße Öffnung in der Vulva zu sehen sein.

Ca. 2-3 Tage nach dem Deckakt fängt die Vulva an zu schrumpfen, sie ist nicht mehr so prall. Ist dies spätestens nach einer Woche nicht der Fall, kann noch einmal nachgedeckt werden. Hat die Fähe aufgenommen, legt sie jetzt gut Gewicht zu. Bitte aber nicht zu fett füttern, da sie sonst Schwierigkeiten bei der Geburt hat.

Mit Beginn der 4. Woche, d. h. ab dem 21. Tag, lassen sich die ca. kirschgroßen Fruchtkugeln gut ertasten und durchzählen. Bei negativem Tastbefund ist die Wahrscheinlichkeit groß, dass die Fähe nur scheinschwanger ist. Ca. eine Woche später lässt sich auch bei tragenden Tieren nur noch eine diffuse Umfangsvermehrung ertasten. Einige Tage vor dem Werfen erfolgt ein ziemlich abrupter Fellwechsel und je nach Farbe der Grannenhaare verfärbt sich dadurch die Haut des Muttertiers hellbraun oder blauschwarz (Besitzer und Tierarzt dürfen sich dadurch nicht erschrecken lassen, es liegt keine „Schwangerschaftsvergiftung“ vor). Beim Herausputzen der losen Haare sollte die Fähe durch Bürsten oder Rupfen unterstützt werden.

Am Tag vor dem Werfen senkt sich die Gebärmutter, das Abdomen erscheint birnenförmig. Temperaturmessungen zum Bestimmen des exakten Geburtstermins sind unsicher, da die Temperatur bei Unruhe extrem steigen kann.

In der Nacht vom 41. zum 42. Tag findet in der Regel die Geburt statt. Hat die Geburt nicht spätestens am 43. Tag eingesetzt oder sind bei unklarem Decktermin im Röntgenbild bereits Welpen sichtbar und ist die Milch eingeschossen, muss ein Kaiserschnitt gemacht werden. (Die Narkose zum Kaiserschnitt kann wie zur Kastration durchgeführt werden, doch die Fähen schlafen meist sehr schlecht. Sie entspannen erst, sobald die Gefäßversorgung zum Uterus vollständig unterbunden ist.)

Wurde kein Röntgenbild angefertigt, ist es vor einer Operation natürlich wichtig, noch einmal genau das Abdomen durchzutasten, ob die Fähe nicht evtl. nur scheinschwanger war. Beim Kaiserschnitt entfernen wir in der Regel Eierstöcke und Gebärmutter mit, ohne dass es bis jetzt zu Problemen gekommen wäre. Welpen und Mutter müssen „wachgerubbelt“ und dann gut warmgehalten werden bis sich die Mutter um die Babys kümmert bzw. der Milchfluss einsetzt. Gegebenenfalls muss in der Zwischenzeit mit Aufzuchtmilch oder Glukoselösung ausgeholfen werden.

Auch bei einer normalen Geburt kann eine anschließende Ovariohysterektomie notwendig werden, wenn eine Retentio secundinarum mit nachfolgendem Milchmangel vorliegt. Welpen und Mutter kommen dann nicht zur Ruhe, das typische „Nestgezwitscher“ fehlt, die Welpen quietschen lautstark.

Nach unseren Erfahrungen kann eine Oxitocin-Injektion prophylaktisch, gleich nach der Geburt gegeben, eine Retentio vermeiden.

Hat ein Besitzer zwei unkastrierte Fähen, die gleichzeitig im Frühjahr in der Ranz sind, und die sich gut verstehen (Geschwistertiere), bietet es sich an, die eine Fähe mittels Choriongonadotropin oder kastriertem Rüden scheinschwanger werden zu lassen und die andere einzudecken. Beide Fähen ziehen dann gemeinsam einen Wurf groß, was sehr viele Vorteile bietet.

Leider kommt es aber auch vor, dass Jungtiere von der Ziehmutter totgebissen werden. Dem kann zum Teil vorgebeugt werden, wenn die Ziehmutter einen Tag vor der zu belegenden Fähe ihren „Termin" hat.

Die „Tante" hilft bei der Geburt mit.

Babys im Alter von acht Tagen.

Baby im Alter von drei Wochen.

Neugeborene Frettchen (5-9 g) überleben kaum bei Handaufzucht trotz intensiver Pflege. Es muss also nach einer Amme gesucht werden, wenn die Mutter gleich nach der Geburt verstorben ist. Eine Fähe, die putzt und wärmt, ist auch noch sehr hilfreich bei der Aufzucht, wenn die Welpen ihre Mutter ca. in der 3. Woche verlieren.

b) Unterbrechung der Ranz

Soll die Ranz aus irgendwelchen Gründen unbedingt unterbrochen werden, kann dies mit 100 i.E. HCG exakt i.m. versucht werden. Durch die Injektion wird die Ovulation ausgelöst. Doch der Nachteil ist, dass die Ranz dann erst nach ca. 14 Tagen zurückgeht und eine evtl. Wiederholungsspritze einen anaphylaktischen Schock auslösen kann. Auch ein kastrierter Rüde kann durch seinen Deckakt eine Ovulation auslösen. Beide Methoden können also bei einer Fähe in der Dauerranz zu spät wirksam werden.

6 Wochen später ist dann die „Scheingeburt". Die Fähe verlässt kaum noch ihr Nest und schleppt alles Mögliche mit in ihr Nest: Quietschespielzeug, Partnertiere, aber sie versucht auch den Besitzer zu „schleppen" (was ganz schön schmerzhaft sein kann). Nach ca. 14 Tagen kommt die Fähe wieder in die Ranz. Durch diese hormonellen Schwankungen können die Fähen extrem bissig werden.

Progesteron zur Unterbrechung der Ranz provoziert eine Pyometra, wenn es injiziert wird. Mit Progesterontabletten (z.B. Sedometril® oder Perlutex®) als Dauermedikamentation haben wir ganz gute Erfahrungen gemacht, vorausgesetzt es soll nur zur Überbrückung und nicht auf Dauer als Ersatz für eine Kastration dienen.

Eine neue Variante zur Unterbrechung der Ranz ist die Implantation eines Suprelorin®chips zu Beginn der Ranz mit einer Wirksamkeit von ca. einem Jahr. Diese Methode ist bei einer evtl. Dauerranz ungeeignet, da die Wirkung viel zu spät einsetzt.

Ältere unkastrierte Fähen neigen zu Eierstockszysten, Eierstockstumoren und Gebärmutterveränderungen (Mucometra, Pyometra).

10. Technik der Kastration, Narkose allgemein

Bedingt durch die kurze Darmpassage sind vor der Narkose maximal 3-5 Stunden Nahrungsentzug ausreichend. Nach der Narkose dürfen Frettchen sofort wieder fressen, um Kreislauf und Blutzuckerspiegel wieder anzuregen.

a) Rüde

Die Narkose erfolgt mit 30 mg Ketamin pro kg KGW in einer Mischspritze zusammen mit 0,4 mg Xylazin exakt i.m. (Vogelkanüle). Ranzbedingt sehr unruhige Tiere benötigen nach 5-10 min. ein- oder zweimal noch 1/3 bis 2/3 der Ketamindosis nach. Technisch läuft die Kastration ab wie beim Kater, doch cave: das Scrotum ist viel dünner.

Bei einem Kryptorchiden liegt der nicht abgestiegene Hode meist im Bauchspeck im Leistenbereich. Da er oft nur erbsengroß ist, ist er schwierig zu ertasten. Aus diesem Grund ist es wichtig, dass der Besitzer weiß, ob im Welpenalter beide Hoden fühlbar waren.

Äußerst selten kommt es vor, dass der Hoden in der Bauchhöhle liegt.

Domitor®/Antisedan® als Alternative zu Ketamin/Xylazin lässt sich sehr gut einsetzen, die Tiere schlafen schnell ein und wachen 3 min. nach dem Antidot wieder auf. Leider wirkt es aber sehr kreislaufdepressiv, auch besteht die Gefahr eines anaphylaktischen Schocks mit Lungenblutungen. Als Zusatznarkose bietet sich die Inhalationsnarkose mit Isofluran und Maske an.

Die chemische Kastration mittels Suprelorin®chip ist eine gute Alternative zum operativen Eingriff. Die Wirkung des Chips hält ca. ein Jahr an.

b) Fähe

Zur Narkosevorbereitung bekommen bei uns die Fähen eine Injektion mit einem Schmerzmedikament (Tolfedine® 4 mg/kg) und ein Antibiotikum (z.B. Marbocyl® 4 mg/kg), unruhige Tiere auch Diazepam (2 mg/kg, der Nachschlaf ist dann deutlich länger). Für die Dosierung der Narkose gilt oben Gesagtes. Die meisten Fähen wiegen zum Zeitpunkt der Kastration ca. 750 g, dann sind ca. 0,01 ml (!!) Xylazin pro Fähe empfehlenswert. Liegt das Tier nach 5 min. nicht, darf 1/3 bis 2/3 der Ketamindosis nachgegeben werden.

Bereits während die Tiere einschlafen, kann angefangen werden, sie auszubinden, da sie sonst zu schnell wieder wach werden. Ranzige aber v. a. tragende Fähen (z. B. Kaiserschnitt) sind oft nur sehr schwierig schlafen zu legen. Die Kastration selbst erfolgt am günstigsten im Hängen am Katzenbrett mit dem Kopf nach unten oder auf einem Kissen bei schräg gestelltem Tisch.

Dazu ist es am günstigsten, das Tier mit dünnen elastischen Mullbinden exakt und fest auszubinden, da die Hinterbeinchen mit ihrer relativ dicken Wadenmuskulatur sonst sehr leicht aus ihrer Fixierung rutschen. Der Schnitt erfolgt am besten paraumbilikal und etwas nach cranial, da die Eierstocksbänder sehr kurz sind. Der nur linsengroße Eierstock mit dem stark geschlängelten Eileiter liegt oft in einem dicken Fettpolster eingebettet. Ob man mit dem Kastrationshaken an der richtigen Stelle sucht, erkennt man an der Reaktion der Tiere: die Fähe krümmt sich leicht zur Seite. Die

Gebärmutter ist rosa und wurmartig im Gegensatz zum Darm, der heller, flacher und etwas breiter ist. Vorsicht beim Abbinden: das Fettpolster ist sehr kompakt (evtl. mit der Klemme noch einmal nachgreifen) und muss in toto entfernt werden, da sonst leicht ein Rest des Eierstocks in der Bauchhöhle bleibt.

Ebenso sollte auch immer die Spitze des Uterushorns mit entfernt werden, um wirklich sicher zu sein, dass kein persistierendes Eierstocksgewebe zurückbleibt. Eine exakt durchgeführte Kastration erleichtert die Entscheidung, dass es sich bei später wieder auftretender Ranz um eine veränderte Nebenniere handeln muss.

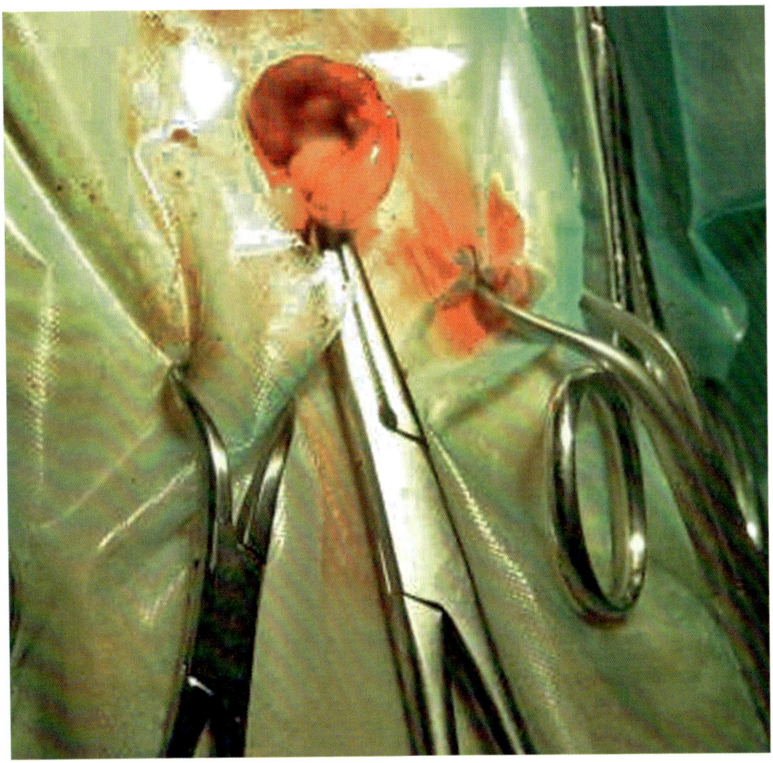

Eierstock im Fettpolster und „wurmartige" Gebärmutter.

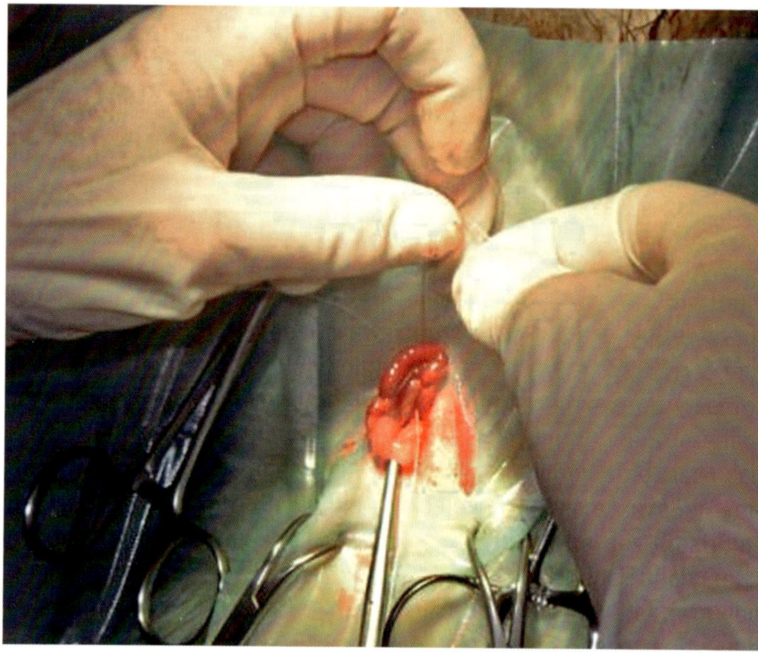

Bei einer länger dauernden Ranz kann das Endometrium geschwollen sein, doch die Gebärmutter muss dann nicht unbedingt entfernt werden, sie bildet sich zurück.

Nach einer Narkose werden bei uns die Tiere vom Besitzer mit einem Handtuch wachgerubbelt oder sie werden auf ein Wärmekissen gelegt. Wir machen den Besitzer darauf aufmerksam, dass das Tier zu Hause sofort fressen kann oder zumindest Leckerbissen annehmen soll. Bis zum Fädenziehen kann das Tierchen einen leidenden Eindruck machen. Monophile Synthetikfäden werden von den Tieren problemlos ohne Lecken toleriert. Aus diesem Grunde verwenden wir keine selbst auflösenden oder geflochtene Fäden.

Eine Halskrause, eine Sicherheitsnaht oder gar ein Pflaster sind **nicht** notwendig und bei Frettchen äußerst ungeeignet.

Ausdrücklich sei noch einmal betont, dass auch während der Ranz kastriert werden kann bzw. aus oben genannten Gründen auch sollte. Fähen, die schon einmal in der Ranz waren, können natürlich jederzeit kastriert werden.

Ca. 3-5 Wochen nach der Kastration kommen die Tiere in den Fellwechsel. Dadurch färbt sich die Haut am geschorenen Bauch bei iltisfarbenen Frettchen blauschwarz. Tierarzt und Besitzer können ziemlich erschrecken. Das neue Fell wird meist zuerst im Gesicht als „Brille" und an den Pfoten durchgeschoben.

11. Probleme nach der Kastration

Die Rüden putzen sich kaum an den Kastrationswunden. Gelegentlich wird die Ligatur des Samenstrangs eitrig fistelnd abgestoßen. Meist genügt dann eine normale Abszessspaltung und Behandlung, selten muss eine bindegewebige Zubildung komplett operativ entfernt werden. Auch ein evtl. notwendiger Leisten- oder Bauchschnitt wird nicht beleckt, wenn Synthetikfäden verwendet wurden. Die Fähen verhalten sich in der Regel ca. 2-3 Tage nach der Operation wieder völlig normal. Bis zum Fädenziehen ist die Vulva bereits deutlich abgeschwollen.

Kommt eine Fähe innerhalb eines Jahres (d. h. zwischen 6 Wochen und 10 Monaten) nach der Kastration wieder in die Ranz, ist mit ziemlicher Sicherheit von einem Resteierstocksgewebe auszugehen, und es muss nachoperiert werden. Der Beginn der Ranz kann schleichend verlaufen oder innerhalb weniger Tage. Das Allgemeinbefinden der Tiere ist meist kaum gestört, z. T. können aber auch ausgeprägte Dauerranzsymptome mit teilweise eitrigem Ausfluss, schleimig verklebten Innenschenkeln und blasser Vulva auftreten.

Treten die Symptome einer Ranz erst später auf, muss zwischen persistierendem Eierstocksgewebe und einer beginnenden Nebennierenrindenüberfunktion unterschieden werden. Evtl. kann zur leichteren Diagnosefindung mit Hilfe einer HCG-Injektion (s. Kapitel: Ranzunterbrechung) versucht werden, eine Ovulation auszulösen. Da aber nicht unbedingt bereits bei der ersten Injektion ein Eisprung ausgelöst wird, kann sie leider keine 100%ige Sicherheit geben. Bei einer Nebennierenüberfunktion treten keine dramatischen Dauerranzsymptome auf.

12. Allgemeines zu Operationen

Da die Frettchen nur eine sehr kurze Darmpassage von ca. 3 Std. haben, ist eine Hungerphase von 3-5 Std. vor der Operation vollkommen ausreichend. Ein längeres Hungernlassen würde Kreislauf und Blutglukose und damit die Erholung nach dem operativen Eingriff unnötig belasten. Selbst bei einer Ketamin/Xylazin-Narkose erbrechen Frettchen nicht.

Während und nach einer länger dauernden Operation legen wir ein Heizkissen unter das Lagerungshandtuch. In der Aufwachphase hat sich das Wachrubbeln mit einem Handtuch (meist durch den Besitzer) und auf einem Wärmekissen gelagert bewährt. So kann das Frettchen unter Aufsicht mit Hilfe des Besitzers wach werden. Auch nach komplizierteren Operationen ist eine Herausgabe an den Besitzer günstig, da kranke Frettchen in stationärer Aufnahme und in fremder Umgebung häufig Futter verweigern (s. Kapitel Fütterung). Meist kann sich ein zuverlässiger Besitzer besser um eine Intensivbehandlung kümmern. Eine Nachuntersuchung an den nächsten beiden Tagen nach einer belastenden Operation ist notwendig.

(Näheres zu Narkose und Nahtmaterial siehe Kapitel Technik der Kastration.)

II. Kapitel: Krankheiten

1. Krankheiten allgemein

In der Regel gibt es nur sehr unklare Symptome, wenn Frettchen krank werden. Sie können sogar fast symptomfrei erscheinen, bis sie eines Tages tot im Käfig liegen. Es sei ausdrücklich betont: fast!!! symptomlos, denn ein Besitzer, der seine Tiere ständig um sich herum hat (siehe Haltung), erkennt feinste Nuancen einer Veränderung und kann das Tier dann genauer beobachten oder vorsorglich dem Tierarzt vorstellen. Dieses Kaschieren von Symptomen weist auf eine noch sehr enge Verbindung zum Wildtier hin. Wir haben auch schon Tiere erlebt, die nur ein geringfügig verändertes Erscheinungsbild aufwiesen, die dann aber aufgrund ihrer chronischen und unbeeinflussbaren Krankheitssymptome eingeschläfert wurden. Bei einer Sektion mussten wir oft staunen, wie diese Tiere noch leben konnten.

Ich kann grundsätzlich nur dazu raten, eingeschläferte Tiere zu sezieren. Ebenso wie bei einer Probelaparotomie bei unklaren abdominellen Problemen kann man sehr viel daraus lernen.

Z. B. sind exokrine Pankreasprobleme klinisch schwierig zu diagnostizieren.

Bei sehr vielen Krankheiten kommt es nur zu allgemeinen Symptomen wie Inappetenz, stumpfem Fell, Fellausfall (lokal oder mottenfraßähnlich), verlängerten Ruhephasen, kürzeren Spielzeiten, Durchfall, Dyspnoe, „Spur Blut" im Urin, eingezogenen Flanken, Zittern oder dem typischen „kranken" Gesicht mit spitzer Nase, kleinen tränenden Augen und angelegten Ohren (ein Zeichen für ein schmerzhaftes Geschehen oder eine Herzinsuffizienz).

Als Rat für den Besitzer und für die stationäre Behandlung ist es wichtig zu betonen, dass kranke Frettchen schnell auskühlen. Außerdem muss kranken Frettchen immer wieder frisches Futter angeboten werden, da sie ein zweites Mal kaum an ihren Fressnapf gehen. Ebenso muss immer wieder Wasser direkt angeboten werden oder in Reichweite stehen (Nippeltränken gelten für kranke Frettchen als fast unerreichbar), denn Frettchen, die nicht trinken, fressen auch nicht!!

Blutbild (Richtwerte):

	Nach Vet.med.lab. Ludwigsburg der Marder allgemein	eigene Erfahrungen
Leucocyten	4,0 – 19,0 G/l	6 – 8 G/l
Erytrocyten	6,8 – 12,1 T/l	10 – 12 T/l
Hämoglobin	15,0 – 18,0 g/dl	14 – 17 g/dl
Hämatokrit	42 – 61 %	55 – 62 %
Thrombozyten	297 – 910 G/l	200 – 450 G/l
Neutrophile Gr.	11 – 84 %	35 – 50 %
Eosinophile Gr.	0 – 9 %	3 – 8 %
Basophile Gr.	0 – 2 %	0 %
Monozyten	0 – 9 %	0 – 4 %
Lymphozyten	12 – 54 %	40 – 55 %

2. Krankheiten des Verdauungstraktes

a) Zahnstein

Frettchen sind sehr häufig von Zahnstein befallen. Bereits im ersten Lebensjahr kommt es zu Zahnbelag. Auch Bananen und Bananenprodukte können zu Zahnfleischentzündungen und schmierigem Zahnbelag führen. Auch andere selbst angerührte „Breichen" fördern die Anbildung. Dagegen dezimieren v.a. Trockenfutter und Frischfleisch, in größeren Brocken geboten, den Ansatz. Spezielles Fertigfutter gegen Zahnstein für Katzen würde wahrscheinlich gut gegen Zahnstein helfen, doch das Problem ist, dass Frettchen, die sowieso auf Trockenfutter „geeicht" sind, keinen Zahnstein ansetzen, und die anderen kaum auf das Futter umzustellen sind.

Der Zahnstein lässt sich oft manuell mittels Fingernagel entfernen, oder ggf. in Narkose mit Ultraschall. Vorsicht, bei der linken Seitenlage kann leicht Wasser aspiriert werden. Häufig niesen die Frettchen bei Kontakt mit dem Wasser aus der Ultraschallspitze, wenn die Narkose nicht mehr tief genug ist.

Ca. ab dem 4. Lebensjahr zieht sich das Zahnfleisch an den Eckzähnen zurück, und z. T. werden die Eckzähne auch braun und glasig, was die Tiere aber nicht weiter stört.

b) Verdauungsprobleme

Die Darmpassage dauert beim Frettchen nur 3 Std., Milchprodukte beschleunigen sie noch, Babybrei, Fleisch und Flocken verzögern sie etwas. Es kommt sehr schnell zu fütterungsbedingten Kotveränderungen: z. B. gelber, krümeliger „Milchschiss" (z. B. auch bei Giardienbefall), stinkender, breiiger, häufiger Kotabsatz durch unverdauliches Eiweiß im Dosenfutter (Billigfutter), Gemüse, Obst, Rindertalg verfärben den Kot entsprechend. Bei gestörter Eiweißverdauung werden mit dem Kot ebenfalls weißliche Krümel ausgeschieden. Die geringsten Mengen an Kot werden bei der Verfütterung von Eintagsküken abgesetzt, da diese fast völlig verdaut werden (ausführlicheres siehe Fütterung).

Fehlgärungen durch ungeeignetes Futter lassen Toxine oder Bakterien retrograd in Leber und Pankreas aufsteigen, was v. a. bei Welpen zu plötzlichen Todesfällen führen kann. Ein wichtiger Grund für Verdauungsprobleme ist auch ein Mangel an Freilauf (s. Röntgenbild „Fehlgärung").

Allgemein treten Verdauungsstörungen durch ungünstige Haltungsbedingungen oder ungeeignetes Futter sehr häufig auf.

Der Durchfall beim Frettchen lässt sich nicht durch die allgemein eingesetzten Medikamente wie Buscopan® oder Futterzusätze stoppen. Es darf auch keine!!! Nulldiät verordnet werden, da diese Durchfall und Allgemeinbefinden noch verschlechtern würde. Um ein Überwuchern durch pathogene Keime oder latent vorhandene Kokzidien oder Giardien zu verhindern, hilft nur das Verfüttern von leicht verdaulicher Kost (Aufbaufutter oder Babybrei) oder im Extremfall eine Zwangsernährung. Auch wenn aufgeweichtes, fetthaltiges Trockenfutter für alte Katzen mit etwas Speiseölzusatz zerdrückt und mit Löffel oder Spritze eingegeben wird, erholen sich die Tiere schnell. Zur Unterstützung kann oral Glucoselösung (in Extremfällen auch als Einstiegstherapie) und als Medikamente Antibiotikum, Metoclopramid, Hepar comp.®, Chelidonium®, Vitamin-Mineral-Elektrolyt-Cocktail und Cortison (wichtig) gegeben werden.

c) Endoparasiten allgemein

Werden im Frettchenkot Wurmeier oder Kokzidien gefunden, gelten sie eher als Nebenbefund. Die Tiere neigen nicht zu Endoparasitenbefall. Eine Ausnahme ist ein Befall mit Giardien, der in den letzten Jahren stark zugenommen hat und zum hartnäckigen Problem werden kann. Aus diesem Grunde werden selbst Jungtiere bei uns nicht entwurmt. Evtl. bei stark geschwächten Tieren können Endoparasiten zusätzlich Krankheitssymptome bewirken.

aa) Giardien

Giardienbefall beim Frettchen wurde lange Zeit unterschätzt, aber er ist ein gravierendes Problem geworden. Giardien sind die einzigen ernst zu nehmenden Endoparasiten beim Frettchen.

In der Frettchensprechstunde werden häufig Tiere mit Verdauungsstörungen vorgestellt. Dazu zählen Inappetenz (z. B. aus psychischen Gründen, Trauer, Kummer), Erbrechen (z. B. Fremdkörper, Pankreatitis, Leberinsuffizienz), Durchfall (Giardienbefall, Futterverweigerung, selten Infektion). Ein chronisch rezidivierender, schleimiger, grünlicher, brauner Durchfall deutet auf Giardien hin. Tiere, die unter heftigem Befall leiden, können auch wässrigen, übel riechenden Kot in Farben von grau, rosa oder orange haben, zum Teil mit Blutbeimengungen. Obwohl die Art des Futters nicht verändert wird, ist der Kot zwischendurch durchaus normal geformt. Trotzdem können die Tiere austrocknen werden inappetent und können erbrechen.

Die Diagnostik bereitet häufig Schwierigkeiten, da gerade bei extremen Durchfällen nur eine geringe Menge an Giardien ausgeschieden wird und somit ein Test evtl. negativ ausfallen kann. Manche Testverfahren liefern ebenfalls falsche negative Ergebnisse. Es werden dann nur die überwuchernden, pathogenen Keime als Durchfallursache verdächtigt. Auch sind Giardien in der Lage, sich in die Gallenblase zurückzuziehen bzw. sich dort anzusiedeln. Der Befall mit Giardien betrifft den gesamten Bestand. V.a. Jungtiere, ältere Frettchen ab 4 bis 5 Jahre und Tiere in Stresssituationen reagieren mit heftigem Durchfall und zum Teil stark gestörtem Allgemeinbefinden. Auch Todesfälle sind dann möglich. Der Grund dafür könnte zum einen eine schwächere Abwehr oder ein reduziertes Fressverhalten alter und trauernder Tiere sein, denn Frettchen, die schlecht fressen, neigen generell zu Durchfall. Die Tiere trocknen dann sehr schnell aus.

Die wechselnde Kotkonsistenz ist unabhängig von der Art der Fütterung. Auch bei gleich bleibendem Futter (ggf. sogar reiner Trockenfuttergabe) kommt es zu diesen typischen schleimigen, farblich variierenden Durchfällen. Die Ansteckung erfolgt durch die Tiere untereinander (Vorsicht: symptomlose Ausscheider) und durch verschmutzte Gegenstände.

Verlaufsformen eines Giardienbefalls

1. Akuter Verlauf

Der Durchfall ist schleimig bis wässrig in verschiedenen Farbschattierungen von farblos über grau, grün bis orange und braun oder rot, z.T. mit Blutbeimengungen und Futterbestandteilen.

linker Kothaufen ist unverdächtig, rechter Kothaufen ist verdächtig

weiß-schleimiger Kothaufen, verursacht durch Giardien

Das Allgemeinbefinden der Frettchen ist hochgradig gestört mit Erbrechen und Exsikkose, so dass sogar Todesfälle möglich sind. Leider ist ein diagnostischer Test bei wässrigem Durchfall nur schwach positiv bis negativ (Verdünnungseffekt?).

2. Chronischer Verlauf

Ein milder und frühzeitig erkannter Befall ist gut behandelbar, heilt aber meist nicht aus. Immer wieder kommt es in unterschiedlich langen Abständen zu schleimigem Durchfall mit reduziertem Fressverhalten, Übelkeit und Erbrechen. Das Allgemeinverhalten ist nur geringfügig gestört.

Wird die Diagnose Giardienbefall nicht gestellt und somit nicht dagegen behandelt, entwickelt sich ein chronisch rezidivierender Verlauf, bei dem trotz gleich bleibender Fütterung Kot in wechselnder Konsistenz während eines Tages zu finden ist. Das Allgemeinbefinden ist während eines akuten Schubs gestört, die Wasseraufnahme erhöht und die Futteraufnahme reduziert. Stresssituationen können einen solchen Schub auslösen und den Zustand der Tiere dramatisch verschlechtern.

Diagnose

Für die Diagnostik stehen Elisa- oder PCR-Tests zur Verfügung. Wir haben die Erfahrung gemacht, dass manche Testverfahren ein positives Ergebnis liefern, aber von der gleichen gut durchmischten Probe ein anderer Test negativ war. Es sollte trotzdem selbst bei geringstem Verdacht eine Giardientherapie eingeleitet werden.

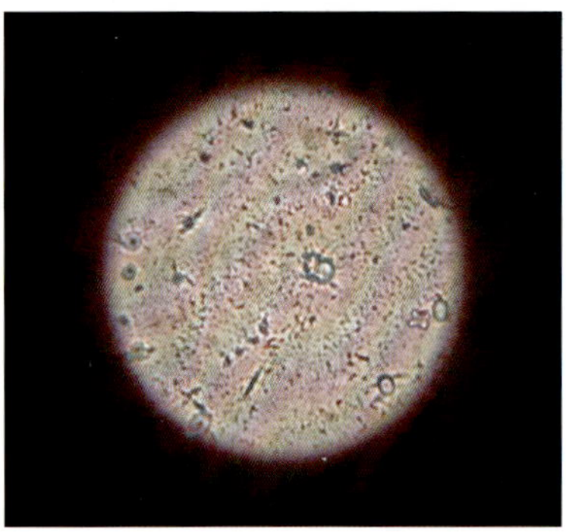

Zu sehen sind Giardien-Oocysten am Rand des Blickfeldes.

Therapie

Kot und kontaminiertes Katzenstreu sollten zeitnah und großflächig entfernt werden. Die Reinigungsgeräte und die beschmutzten Stellen im Katzenklo müssen „pingelichst" nach jedem Kotkontakt gereinigt werden. Da Frettchen die Angewohnheit haben, sich den Po durch Rutschen über den Boden zu reinigen, müssen auch diese Flächen gut gereinigt werden, ebenso die Flächen in der Nähe eines Klos, an die Futter verschleppt wird. Das einzige Desinfektionsmittel, das wirkt, ist Neopredisan®. Es wird am besten in einer entsprechenden Verdünnung mit Hilfe einer Sprühflasche aufgetragen. Es muss einwirken und die Fläche danach trocken sein. Mit dem Einsatz eines Dampfreinigers würden sich die Giardien zystieren und wären wieder infektiös. Eine Reinfektion muss möglichst gering gehalten werden, bedingt durch eine artgerechte Haltungsform von Frettchen kann sie nicht 100%ig vermieden werden.

Das einzig zugelassene Mittel gegen Giardienbefall ist Panacur® (Fenbendazol). Es sollte hoch dosiert (50-75 mg/kg) und lange (5 Tage Gabe, 3 Tage Pause, so lange diesen Turnus wiederholen, bis keines der Tiere mehr unter rezidivierendem Durchfall leidet) gegeben werden. Die Therapie muss erneut durchgeführt werden, sobald wieder schleimiger Durchfall auftritt. Leider bestehen inzwischen Resistenzen gegen Fenbendazol. Ein weiteres Mittel gegen Giardien wäre Metronidazol (15 mg/kg 2x tgl. z.B. im Suanatem® enthalten), das umgewidmet werden muss, leider extrem bitter schmeckt und zum Teil ebenfalls Resistenzen zeigt. Als drittes Arzneimittel kann Spartrix® (Carnidazol, für Brieftauben zugelassen) in einer Dosierung von 5 mg/250 g Frettchen 1x tgl. eingesetzt werden. Als Dosierungsbeispiel benötigt eine Fähe mit 750 g KGW 1½ Tbl. tgl.. Die Anwendung erfolgt über 5 Tage, drei Tage Pause mit Wieder-holung, bis keines der Tiere mehr Durchfall aufweist. Dieses Mittel wird in etwas Wasser aufgelöst und mit etwas Katzenmilch und Vitaminpaste oder Instantpulver (z.B. convalescence) vermischt, gut aufgenommen. Leider ist auch mit Spartrix® nicht immer eine Heilung zu erzielen (evtl. wg. Rückzugsort Gallenblase oder chronischer Schädigung der Bauchspeicheldrüse) aber die Symptome können gelindert und die symptomfreien Abstände verlängert werden. Bei starkem Befall kann es kurze Zeit, ca. 3 Std. nach Eingabe von Spartrix zu heftigem Durchfall kommen.

Ronidazol ist ein weiterer Wirkstoff, der gut gegen Giardienbefall beim Frettchen eingesetzt werden kann. Da es sich ebenfalls um ein Präparat gegen Trichomonaden bei Tauben handelt, muss es ebenfalls umgewidmet werden. Das Präparat wird von Frettchen gut vertragen, leider kann ich über die Langzeitwirkung oder eventuelle Nebenwirkungen noch nichts sagen, da es erst seit kurzem eingestzt wird. Die Dosierung beträgt 15-30 mg/kg einmal täglich über 3-10 Tage je nach Schweregrad der Erkrankung. In Pulverform schmeckt dieses Präparat extrem bitter, so dass es von den Frettchen nicht angenommen wird. Die einzige Möglichkeit ist die Eingabe als Tabletten. Sie sind wesentlich weniger bitter und können geviertelt zusammen mit Vitaminpaste direkt ins Mäulchen eingegeben werden. Die Dosierung ist 1/2-1 Tbl. pro 750 g Frettchen bei Tabletten mit 20 mg Wirkstoff pro Tablette. (Diese TKK Tabletten 20 mg Ronidazol + 3 mg Ethacridinlaclat werden von der Firma Vet-Schröder + Tollisan in Holland hergestellt und vertrieben.) Bei Frettchen, die auf Grund des Giardienbefalls an Übelkeit und Erbrechen leiden, rate ich wegen des bitteren Geschmacks eher zur Verabreichung von Spartrix.

Zusatzpräparate gegen Durchfall oder zur Sanierung der Darmflora sind so gut wie unwirksam. Ebenso zeigen Spasmolytika beim Frettchen keine ausreichende Wirkung. Ein Mittel, das den Flüssigkeitsverlust über den Darm etwas eindämmen kann und von den Frettchen akzeptiert wird, ist Flosa® Balance (Psilium). Es hat einen fruchtigen Geschmack und kann unter das Futter, auch Frischfleisch gemischt werden. Korvimin Diar® und Symbioflor2® (Colibakterien) können ebenfalls zur Unterstützung gegeben werden. Tylosin (Tylan 200) 20 mg/kg kann die bakterielle Entgleisung durch den Giardienbefall und nach Spartrixgabe etwas eindämmen. Einige Magendarmdiäten wirken ebenfalls stuhlfestigend, doch ist es häufig schwierig, kränkelnde und damit inappetente Frettchen an unbekanntes Futter zu gewöhnen.

Ob Giardien vom Menschen auf Frettchen übertragbar sind oder sich der Besitzer an seinen Tieren anstecken kann, ist umstritten. I.d.R. sind Giardien wirtsspezifisch, doch wurde auch schon bei Besitzer und Frettchen parallel verlaufender Giardienbefall festgestellt.

d) Fremdkörper (siehe Röntgenbilder)

Gummi, Plastik, Oropax, rohe Kartoffelstücke und anderes musste schon aus einem Frettchendarm entfernt werden. Die Symptome sind leider nicht so deutlich wie bei Hund und Katze, da i.d.R. noch winzige Mengen schleimigen Kots abgesetzt werden. Die Tiere erbrechen und haben Untertemperatur.

Meist lässt sich der Fremdkörper im Darm ertasten, er darf aber nicht mit verdickten Darmlymphknoten verwechselt werden. Liegt er im Magen, sind die Symptome und die Aussagen des Besitzers: „mein Tier frisst etwas weniger und erbricht seit längerem immer wieder bei ungestörtem Allgemeinbefinden", die einzigen Anhaltspunkte.

Aufgrund der Konsistenz der bei Frettchen „beliebten" Fremdkörper aus weichem, glatten Kunststoff kann ein Röntgenbild den Verdacht auf einen Fremdkörper nur selten bestätigen.

Ebenso ist eine Kontrastmitteleingabe meist überflüssig, da das Kontrastmittel bei einem im Magen liegenden Fremdkörper diesen oft ungehindert passiert (glatte Fremdkörper). Selbst wenn der Fremdkörper im Darm liegt, kann es vorkommen, dass winzige Mengen an Kontrastmittel mit ausgeschieden werden.

Darauf sollte man sich lieber nicht verlassen, denn es ist Eile geboten. Erbricht ein junges (bis ca. 2 Jahre altes) Tier, hat Untertemperatur und Bauchschmerzen und setzt nur winzige Mengen Kot ab, liegt fast sicher ein Fremdkörper vor. Es sollte dann in jedem Falle eine Probelaparotomie vorgenommen werden. Auch wenn evtl. „nur" ein verdickter Lymphknoten am Magenausgang oder ein anderer gravierender Befund sichtbar wird, hat der Eingriff seinen Sinn erfüllt.

Eine Übelkeit beim Frettchen äußert sich oft durch Unruhe, Maulreiben, Kratzen auf dem Fußboden oder im Katzenklo, sich mit der Vorderpfote am und im Maul kratzen.

Fremdkörper beim Frettchen sind ein sehr häufiges Problem. Ein früher operativer Eingriff wird aber sehr gut vertragen. Als parenterale Flüssigkeitsversorgung geben wir gerne nach der Operation angewärmte Glucoselösung in die Bauchhöhle. Je nach Schwierigkeitsgrad der Operation können die Tiere ca. 8-12 Std. danach wieder flüssige Schonkost (Babybrei) zu sich nehmen. Oft nehmen sie freiwillig Nahrung auf, sonst muss weiter Flüssigkeit zugeführt werden. Das Allgemeinbefinden bessert sich in den nächsten 4 Tagen nach und nach. Meist wird am 3. bis 4. Tag wieder normaler Kot abgesetzt, dann sind die Tiere über den Berg. Ein Zusammenbruch in dieser Zeit deutet auf eine Nahtdehiszenz hin, so dass die Bauchhöhle noch einmal eröffnet werden muss. Auch eine evtl. Darmresektion mit einer End-zu-End-Naht sogar als Nachoperation ist bei Frettchen durchaus möglich.

e) Leber

Die überwiegende Gabe von Billigtrockenfutter kann zu einer Erhöhung der Leberblutwerte führen. In einem Fütterungsversuch bei eigenen Tieren konnten wir ebenfalls bei überwiegend eiweißreichen und billigem Dosenfutter einen deutlichen Anstieg der Werte ermitteln. Fettreiches Futter dagegen, wie bestimmte Sorten Trockenfutter für alte Katzen, spezielles Frettchenfutter und Dosenfutter für Hundewelpen bewirkten eine Senkung der Leberwerte.

Durch eine abrupte Umstellung auf ein ungeeignetes Futter kann eine retrograde Ansiedlung von Bakterien aus dem Darm Leberentzündungen mit Übelkeit und Durchfall auslösen. Die Tiere trocknen dann sehr schnell aus und verweigern die Futteraufnahme.

Auch eine Futterverweigerung aus psychischen Gründen (Krankheit oder Verlust des Partnertiers, Trennung vom Besitzer mit Abgabe in eine Pflegestelle o. ä.) kann zu grünlichem Durchfall und Leberproblemen führen. (Therapie siehe Kapitel Fütterung, Verdauungsprobleme).

Akute Lebererkrankungen gehen eher mit einer Erhöhung der GPT (ALT) einher, ebenso akute Schübe einer chronischen Erkrankung. Ein eher schleichender, chronischer Verlauf bewirkt eine Erhöhung der GOT (AST).

Therapie

Manche Tiere lassen sich zur Abnahme von Phytorenal® überreden, was günstig ist, wenn gleichzeitig auch die Niere erkrankt ist.

Gute Erfahrungen haben wir mit Hepar comp.® ad inj. gemacht. Die Besitzer sollten lernen, ihr Tier selbst zu spritzen, da es zu Beginn einer Behandlung erst jeden 2. Tag, dann zweimal pro Woche, dann einmal pro Woche injiziert werden sollte.

Als Alternative kann Hepar comp.® aber auch oral gegeben werden oder Hepeel® oder flor de piedra 1-3 Tbl. tgl. (auch als Anschlussbehandlung). Die Medikamente sollen am besten in etwas stillem Wasser aufgelöst und mit Katzenmilch verfeinert angeboten werden. Zur Therapieeinleitung haben sich zusätzlich Amoxicillin mit Clavulansäure über 5 Tage und intensive parenterale Flüssigkeitszufuhr bewährt. Die Cortikoidgabe kann das Anschlagen der Therapie beschleunigen.

Als Diätfutter empfehlen wir Babybrei-Menü ab dem 4. Monat oder Trockenfutter für Seniorkatzen, leicht verdauliche Aufbaukost. Evtl. wird Leberdiät für Katzen angenommen. Von Billigdosenfutter sollte man dem

Besitzer natürlich abraten. Unterstützend wirken Hefeflocken, VitB-Komplex, Bevitasel® und Biosel HK®, da auch häufig gleichzeitig Fellprobleme bestehen.

Oftmals steigt beim Frettchen der GGT (normal< 0,5 U/l) auf über 10 bis 20 U/l an. Diese Tiere haben evtl. massive Gallengangszysten (teilweise als Umfangsvermehrung sogar palpierbar), deren Entwicklung mit Chelidonium aufgehalten werden kann. Ebenso kann eine chirurgische Entfernung versucht werden. Tiere mit Gallengangszysten leiden unter grünem, schleimigen Kot. Evtl. begünstigt ein Giardienbefall die Entstehung.

Die physiologischen Leberwerte (die Werte sind Erfahrungswerte aus eigener Ermittlung von gesunden Tieren):

GPT	Jungtier	50 – 60 U/l	GOT	Jungtier	30 U/l
	Alttier	40 – 45 U/l		Alttier	40 U/l

(Viele Labore und Lehrbücher geben wesentlich höhere Referenzwerte an. Der Grund könnte sein, dass diese evtl. von Labor- oder Farmtieren stammen und nicht von Tieren aus privater Gruppenhaltung. Vielleicht spielt der Faktor chronischer Stress oder die entsprechende Fütterung dort eine wichtige Rolle.)

Die Symptome, die auf eine Lebererkrankung hinweisen, sind v.a. Fellausfall, schütteres Fell, Gewichtsabnahme, häufig grünlich schleimiger Durchfall, vor allem aber Polydipsie und reduzierter Allgemeinzustand, z.T. kommt es zur Exsiccose und Inappetenz.

Der Schweregrad der Blutwerterhöhung muss in keiner Weise mit dem sonstigen Befinden des Tieres korrelieren. Tiere mit extrem hohen Werten können noch einen fast unauffälligen Eindruck machen und sich rasch erholen. Tiere mit einem schlechten Erscheinungsbild weisen evtl. eine nur geringgradige Blutwertverschlechterung auf.

f) Pankreas

aa) Pankreatitis

Eine chronische Bauchspeicheldrüsenentzündung mit Blutzuckererhöhung, stinkendem schleimigen Kot, Übelkeit (die Tiere kratzen sich am Maul, als ob sie einen Fremdkörper entfernen möchten) und Abmagerung wird selten gefunden. Erst bei relativ starken Veränderungen zeigen die Tiere beim Palpieren Schmerzen im Oberbauch.

Therapie der chronischen Pankreatitis: Pankrex®, Buscopan®, MCP®, Glucocorticoide, Antibiotikum, leicht verdauliches Futter.

Chronischer Durchfall kann zu einer unheilbaren Pankreatitis führen. Auch hier ist als Ursache ein Giardienbefall möglich.

bb) Insulinome

In den USA sind Insulinome beim Frettchen sehr häufig. Auch bei uns werden sie in den letzten Jahren immer öfter diagnostiziert.

Frettchen haben bereits physiologisch einen relativ labilen Blutzuckerspiegel (Normalwerte 95-100 mg/dl), sie müssen deshalb ständig Futter zur freien Verfügung stehen haben. Ein Verdacht auf Insulinome besteht, wenn die Tiere bereits bei kürzeren Hungerphasen mit der Hinterhand wegrutschen oder hypoglykämische Anfälle (Unterzuckerung) mit „leerem" Blick, Speichelfluss, Bewusstlosigkeit, Zusammenbrechen in der Hinterhand zeigen. Bei manchen Tieren treten diese Symptome aber auch kurz nach der Futteraufnahme auf, bis sich der Blutzuckerspiegel wieder normalisiert hat.

Die Anfälle können akut und heftig oder über längeren Zeitraum in leichterer Ausprägung auftreten mit spontaner Erholung. Ein Verdacht auf eine Unterzuckerung besteht bereits, wenn Frettchen beim Laufen mit der Hinterhand ab und an zur Seite wegrutschen. Zur Diagnostik sind mehrere Blutzuckeruntersuchungen, nach einer Hungerphase von 4-6 Std. unter sorgfältiger Beobachtung notwendig. Oft sind aber die beschreibenden Beobachtungen des Besitzers, die Reaktion des Tieres auf eine Traubenzuckergabe und ein einzelner Blutzuckerwert (trotz Fütterung bei ca. 80 mg/dl oder darunter) ausreichend, da sich der Blutzuckerspiegel bis zur Vorstellung in der Praxis schnell wieder erholt haben kann.

Therapie: Ist die konservative. Bei günstiger Lage können Insulinome einzeln extirpiert werden oder der duodenale Schenkel des Pankreas wird bis zum Ductus entfernt.

In leichteren Fällen reicht es evtl. aus, regelmäßig Futter anzubieten und während eines Anfalls Traubenzuckerlösung zuzuführen. Als konservative Standardtherapie wird kontinuierlich Prednisolon® 1-2 mg/kg 1-2-mal tgl. gegeben. Es senkt die Anfallshäufigkeit und -stärke. Proglycem® (ein Insulinantagonist) kann in einzelnen Fällen als unterstützende Gabe gute Erfolge zeigen, v.a. wenn es sich um ältere Tiere handelt, die gleichzeitig unter einer beginnenden Niereninsuffizienz leiden und möglichst kein Cortison bekommen sollten. Auch bei einem beginnenden M. Cushing durch die Langzeitcortisongabe oder einem zusätzlichen Nebennierentumor sollte auf Proglicem® umgestellt werden. In die Behandlung mit Proglicem® sollte man sich beginnend mit 5 mg/kg langsam je nach Wirkung bis auf evtl. 50 mg/kg hoch schleichen (NW evtl. Übelkeit). Keinesfalls sollte ständig Traubenzucker angeboten werden, da dies die Insulinproduktion durch die Tumoren fördern kann. Bei einem Unterzuckerungsanfall trotz Therapie ist natürlich eine Traubenzuckerzufuhr wichtig, bei bewusstlosen Frettchen nur tröpfchenweise in den Mundwinkel und sie zum Schlucken animieren.

Wird die konservative Therapie wirkungslos oder löst das Insulinom schmerzhafte Krampfanfälle aus (sie liegen häufiger direkt neben einem Ausführungsgang), muss operativ eingegriffen werden. Einzeln gelegene, größere Insulinome können gut operativ entfernt werden. Leider liegen sie häufig miliar, stecknadelpunktartig über die Bauchspeicheldrüse verteilt und sind dann im günstigsten Fall nur durch Entfernung eines Schenkels zu entfernen. Postoperativ ist i.d.R. eine konservative Weiterbehandlung notwendig, da makroskopisch unsichtbare Insulinome vorhanden sind, aber das Frettchen kann nach dem operativen Eingriff wieder schmerzfrei leben.

cc) Diabetes mellitus

Diese Erkrankung der Bauchspeicheldrüse konnte bei uns noch bei keinem Frettchen diagnostiziert werden.

Erhöhungen der Blutzuckerwerte treten beim Frettchen gelegentlich bei Veränderungen der Nebennierenrinde oder bei der Fütterung von Süßigkeiten auf, ohne dass eine deutliche Polydipsie gezeigt wird. Die Höhe der Werte schwankt innerhalb von kurzer Zeit sehr stark, so dass eine Insulingabe unterbleiben sollte.

Es kann auch sein, dass eine Nebennierenüberfunktion und ein Insulinom gleichzeitig bei einem Frettchen vorkommen, und dann der Blutzuckerspiegel immer wieder zwischen Hypo- und Hyperglycämie wechselt. Als Therapie während dieser Anfälle sollte man sicherheitshalber auf Traubenzucker verzichten und nur langsam, tröpfchenweise eine Elektrolytlösung einsetzen. Die Tiere warm halten und wachrubbeln. Sobald die Tiere selbstständig Futter aufnehmen, Flüssignahrung anbieten.

3. Krankheiten des Harn- und Geschlechtsapparates und der Nebennieren

a) Niere

Physiologische Nierenwerte:
Urea bis 55 U/l
Crea bis 0,8 U/l

Die Ursache für Polydipsie bei älteren Frettchen ab 4 Jahre ist häufig eine beginnende Niereninsuffizienz mit erhöhten Blutnieren- und veränderten Harnwerten. Der Harnteststreifen zeigt eine Ausscheidung von Hämoglobin/Erytrozyten, evtl. Glucose und v.a. vermehrt Eiweiß an. Bei Sektionen werden degenerativ veränderte Nieren mit narbigen Einziehungen oder mit Zysten gesehen. Ob auch Leukose bedingte Veränderungen möglich sind, ist noch unklar. Auch hier gilt, die Höhe der veränderten Werte korreliert keineswegs mit den klinischen Symptomen. Die Höhe des Creatininwertes kann einen prognostischen Hinweis geben, doch auch Frettchen mit einem Harnstoffwert über 300 mg/dl und Creatinin von 5 mg/dl können unter intensiver medizinischer Versorgung und Pflege durch den Besitzer einige Monate bei guter Lebensqualität leben.

Klinische Symptome:

Die Tiere trinken vermehrt, werden schlapper, das Fell wird stumpf, der Turgor der Haut sinkt, und die Tiere können in der Hinterhand einknicken (schmerzbedingt?). Die Tiere nehmen ab. Im Endstadium zeigen die Tiere häufig eine eitrige Gingivitis, der Gaumen ist entzündet, der Speichel wird eitrig, zähflüssig.

Eine wichtige Differentialdiagnose der Polydipsie ist häufig ein Hungergefühl, das durch Futter (z. B. schmerzbedingt, wenn die Tiere nicht kauen können) nicht gestillt werden kann.

Therapie: Flüssigkeitszufuhr (diese kann in Extremfällen auch i.p. erfolgen, meist ist aber eine s.c. oder orale Gabe ausreichend), Cantharis, Berberis, Phytorenal®, Ney nephrin®, Solidago, Renes viscum®, Diätfutter. Evtl. werden ACE-Hemmer in einer niedrigen Dosierung ganz gut vertragen. Als Diätfuttermittel kann Nierendiät für Katzen angeboten werden. Nahrungsspezialisten bevorzugen evtl. eher Babybrei-Menü, fettreiches Trockenfutter für alte Katzen, Milchprodukte in Maßen (v.a. Catmilk mit Fachinger oder einer kommerziellen Elektrolytlösung verdünnt als orale Flüssigkeitstherapie), Fisch, weißes Geflügelfleisch. Eine Futterumstellung auf eine kommerzielle Katzen-Nieren-Diät bereitet bei vorher einseitig ernährten Tieren Probleme (zur Zwangsernährung s. Fütterung, Durchfall).

Die Nieren lassen sich beim Frettchen gut ertasten. Die rechte liegt direkt unter dem Rippenbogen, die linke weiter caudal. So lassen sich Veränderungen, wie höckerige Nieren, Vergrößerungen gut diagnostizieren. Die physiologische Größe der Nieren misst max. zwei Wirbelkörper der Lendenwirbelsäule. Einseitige Zystennieren oder tumoröse Veränderungen lassen sich problemlos operativ angehen. Nach 2-3 Tagen haben sich die Tiere wieder gut erholt.

Eine nur leichte Exsiccose ist bei abgemagerten Frettchen schlecht am Hautturgor festzustellen, besser geeignet zur Diagnosestellung sind dann der Augenlidturgor oder die ausgetrocknete Lefzenschleimhaut.

b) Blasensteine

Aus der eigenen Erfahrung kann ich nur von einzelnen Fällen mit Blasensteinen berichten. Kleine Steine konnten gut mit einer Harn-pH-senkenden Diät zur Auflösung gebracht werden. Besser zur pH-Senkung und zur Prophylaxe ist die Verfütterung von Frischfleisch geeignet, da die Eiweißqualität besser ist.

c) Geschlechtsapparat männlich/Nebennierenüberfunktion

Unkastrierte Rüden markieren ab Beginn der Ranz im Winter bis zum Herbst im folgenden Jahr. Die Hoden sind deutlich hervorgetreten, das Fell ist stumpf und die Tiere nehmen ab. Auf der Haut bilden sich bräunlich-gelbe Talgablagerungen, der spezifische Ranzgeruch entsteht.

Treten diese Erscheinungen im Frühjahr bei einem kastrierten Rüden auf, muss an einen nicht operierten (einseitigen) Kryptorchiden gedacht werden oder es handelt sich um eine Überfunktion oder tumoröse Entartung der Nebennierenrinde. Das Problem einer Nebennierenrindenüberfunktion tritt häufig in den USA auf, möglicherweise weil dort die Tiere bereits mit der 8. Woche kastriert werden. Diese Theorie ist aber umstritten. Die Ursache könnte auch eine genetische Veranlagung sein, da Nebennierenveränderungen gehäuft familiär auftreten und die meisten amerikanischen Frettchen aus einer einzigen großen Zuchtfarm stammen. Die Wahrscheinlichkeit an einer Nebennierenüberfunktion zu erkranken, soll bei Rüden, die mit einem Suprelorin®chip kastriert wurden, deutlich geringer sein.

Die meisten kastrierten Rüden mit einer Nebennierenrindenüberfunktion zeigen Symptome wie in der Ranz: sie markieren mit ihrem Harn, sie bekommen im Nacken und auf der Kruppe bis zum zweiten Schwanzwirbel schütteres Fell, schleppen ihre Artgenossen, werden aggressiver. Zum Teil können sie nur noch im Gesicht und an den Pfoten Fell haben.

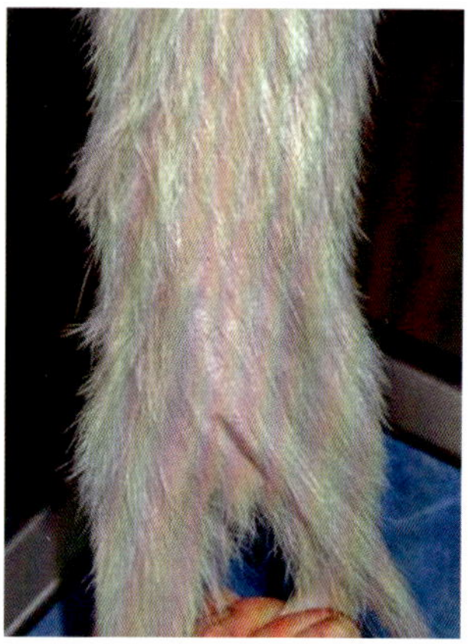

Es können aber auch nur einzelne Symptome wie z. B. heftiger Juckreiz mit Krustenbildung (trockenes Ekzem) im Flankenbereich und am Schwanz auftreten oder ausschließlich Ranzgeruch und/oder Verhaltensveränderung wie Markieren oder Aggressionen gegen Rudelmitglieder auftreten. (Bei Juckreiz ohne sichtbare Hautveränderungen müssen Ohrmilben- und Flohbefall abgeklärt werden.)

Anmerkung: solange nur der distale Schwanz ab zweiten Schwanzwirbel kahl ist, handelt es sich nicht um eine Überfunktion der Nebenniere (siehe Fettschwanz).

Überproduktion von Testosteron

Häufig treten im Zusammenhang mit einer Nebennierenüberfunktion stark verdickte Krallen auf:

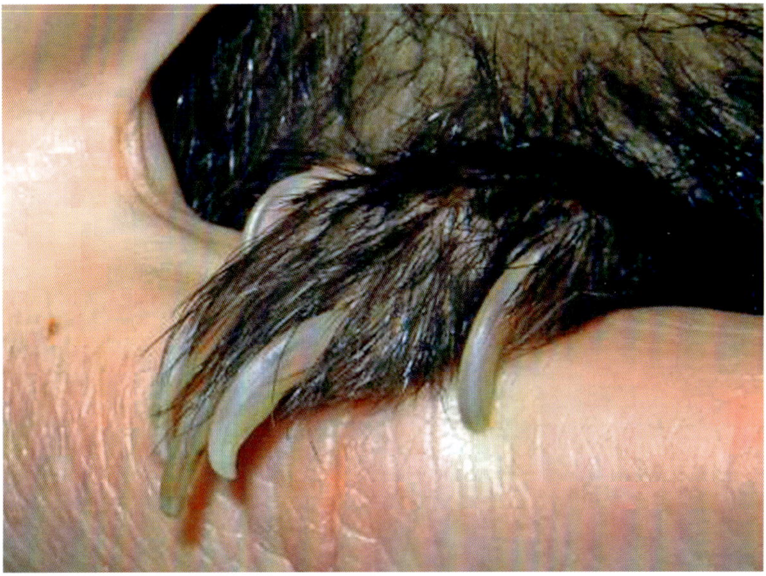

Therapie:

Seit der Hormonchip Suprelorin® 4,7 mg (Deslorelin) zur Verfügung steht, ist dessen Injektion die Therapiemethode der ersten Wahl. Die Wirkung wird nach 3 bis 4 Wochen sichtbar, wenn das neue Fell durch die Haut schiebt (bei iltisfarbenen Frettchen erscheint die Haut blau). Auch das Verhalten der Tiere normalisiert sich. Liegt ursächlich ein Tumor der Nebennierenrinde vor, kann die Besserung nicht ganz so deutlich ablaufen. Bei Vorliegen von zusätzlichen Symptomen eines M. Cushing wird der „Chip" kaum Wirkung zeigen. Eine zweite Therapiemöglichkeit ist die chirurgische Entfernung der (stärker) betroffenen Nebenniere. Bei jungen Tieren würde ich immer eine operative Entfernung empfehlen. Liegt evtl. ein Erscheinungsbild mit schütterem Fell und Stammkörperfettsucht vor, wäre noch die dritte Möglichkeit, die Gabe von Lysodren® (Mitotane) oder Vetoryl® (Trilostan) zu erwähnen. Beide Mittel können starke Nebenwirkungen hervorrufen (näheres dazu unter M. Cushing).

Liegt als einziges Symptom Fellverlust vor, kann das hypophysenwirksame Melatonin® (0,5-1 mg/kg) eingesetzt werden.

Dasselbe Tier wie Seite 62 nach der Therapie mit Melatonin®, Fellwuchs und Gewichtszunahme.

Bei Rüden, die viel markieren, sollten Harn- und Blutwerte häufiger kontrolliert werden, da sich eine aufsteigende Infektion in Form einer Pyelonephritis und hormonbedingt eine Prostatahypertrophie oder -zyste entwickeln können. Die Tiere zeigen Harndrang ohne die Blase völlig entleeren zu können. Unbehandelt können sie mit hoch schmerzhaften Harnabsatzstörungen an Kreislaufversagen sterben. Die z.T. hühnereigroße, eitergefüllte Prostata, kann gut ertastet werden. Bitte nicht mit einer gut gefüllten Blase verwechseln. Eine operative Entfernung der Prostata ist nicht möglich. Für eine Therapie mit Antibiotikum und Androcur ® oder Tardastrex® sind die Veränderungen meist zu weit fortgeschritten, da dem Besitzer Symptome erst sehr spät auffallen. Da der stark eiterhaltige Harn nicht abgesetzt werden kann, ist in diesen Fällen eine Penisamputation die einzige Möglichkeit.

Die durch die vergrößerte Nebenniere verursachten allgemeinen Ranzsymptome der Rüden gehen erfahrungsgemäß im Herbst wieder leicht zurück, doch im nächsten Frühjahr, manchmal schon im Januar treten die Symptome wieder auf. Sie verstärken sich von Jahr zu Jahr. Oft ist es dann besser, eine Entfernung der betroffenen Nebenniere zu wagen v.a. bei jüngeren Frettchen bis 5 Jahre, oder wenn die genannten Therapievorschläge keinen Erfolg mehr bringen. Mit einem guten Ultraschallgerät, in seltenen Fällen im Röntgenbild (s. Kapitel V.), kann die linke Nebenniere cranial der Niere, die rechte dicht an der V. cava caudalis dargestellt werden. Eine gesunde Nebenniere ist ca. glasstecknadelkopf- bis ½ linsengroß. Bei entspannten Tieren lassen sich vergrößerte, schmerzhafte Nebennieren ertasten.

Operative Entfernung einer Nebenniere:

Rein technisch gesehen ist die Operation nicht so sehr schwierig, aber die Operationsvorbereitung und die Erholungsphase erfordern eine intensive Unterstützungstherapie. Wir spritzen vor der Operation Flüssigkeit s.c., zur Kreislaufunterstützung ein Weißdorn-, und zur Substitution ein Cortisonpräparat. Antibiotikum (Synulox® oder Marbocyl®) und Schmerzmedikament (Tolfedine®) injizieren wir ebenfalls bereits zur Operationsvorbereitung.

Die linke Nebenniere lässt sich gut stumpf (ich verwende einen kleinen Tupfer) aus dem Fettgewebe herauslösen und nach Ligatur der Gefäße absetzen. Die Entfernung der rechten erfordert viel Fingerspitzengefühl, wenn sie z.T. mit der V. cava caudalis verwachsen ist. In diesem Falle bietet sich evtl. die Elektro- oder Cryochirurgie an. Post operationem geben wir angewärmte Glucoselösung in die Bauchhöhle, wenn keine zu starken Sickerblutungen aufgetreten sind.

Zum Glück ist meist die linke Nebenniere betroffen, liegt jedoch eine Überfunktion der Hypophyse vor, sind beide Nebennieren verändert. Die Entfernung der stärker vergrößerten Nebenniere führt deshalb, wenn überhaupt nur zu einer Linderung der Symptome.

Rechte Nebenniere leicht vergrößert

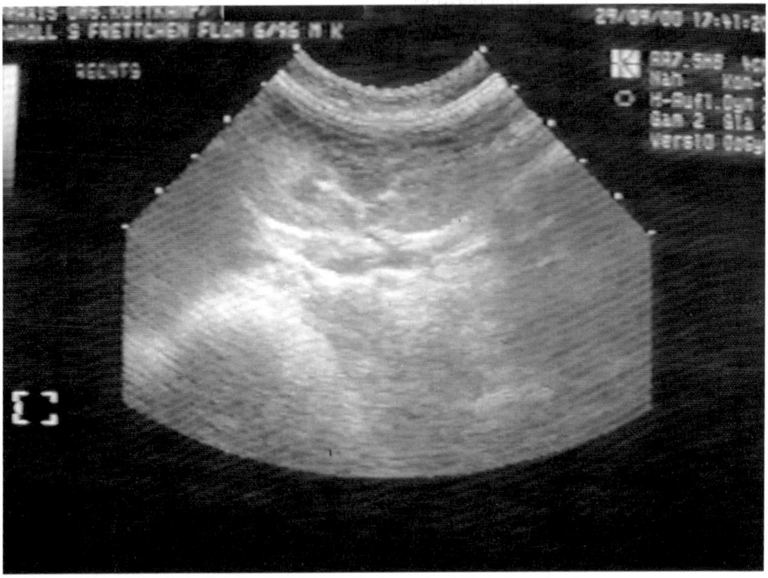

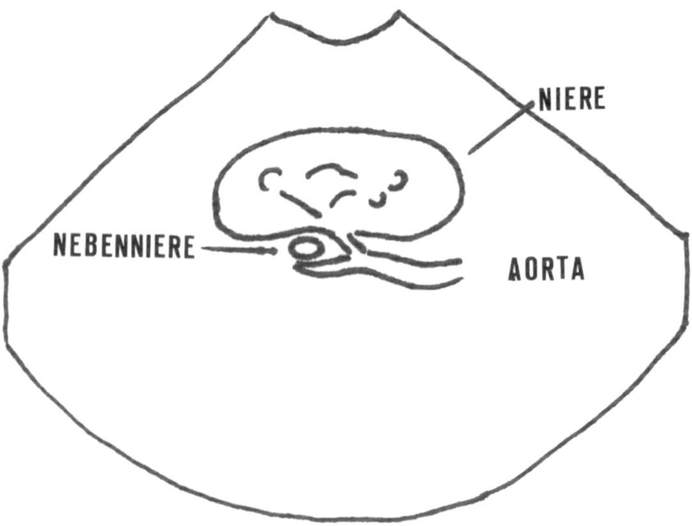

Mit freundlicher Unterstützung überlassen von Dr. Petra Kattinger (Kleinmachnow)

Linke Nebenniere vergrößert

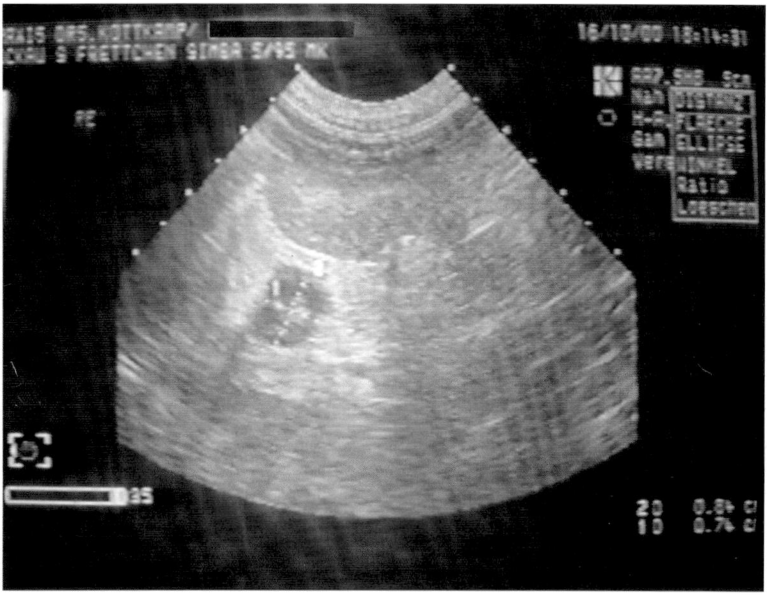

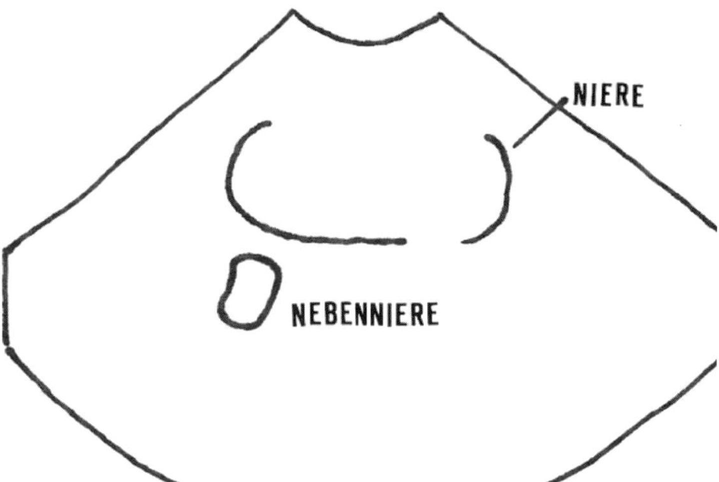

Mit freundlicher Unterstützung überlassen von Dr. Petra Kattinger (Kleinmachnow)

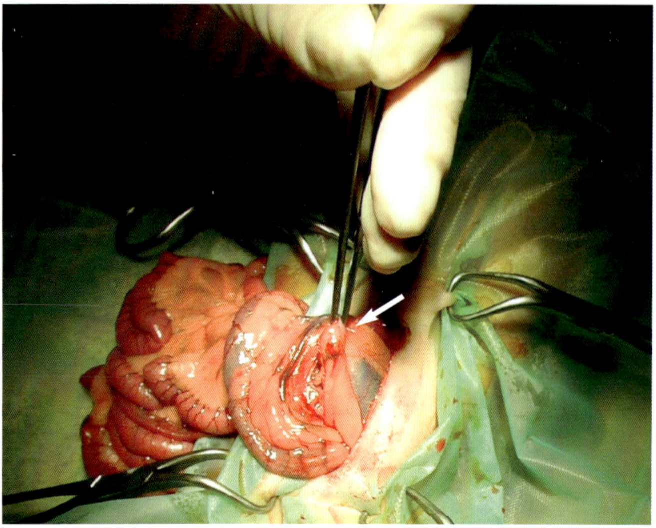

Entfernung der linken Nebenniere, am cranialen Pol der Niere gelegen (hier unterhalb der Pinzettenspitze).

Zum Aufwachen bekommt der Besitzer sein Frettchen mit einem Handtuch auf einem Wärmekissen in die Hand. Um ein Aufgasen (schmerzbedingt?) im Magendarmtrakt zu verhindern, kann das Abdomen durch den Besitzer leicht massiert werden und Buscopan comp.® injiziert werden. Zur Nachsorge geben wir dem Besitzer Schmerzmedikament (Rimadyl®, 1-2-mal tgl. 4 mg/kg) und ggf. Antibiotikum mit.

d) Geschlechtsapparat weiblich

aa) Weiblich unkastriert (s. auch Kapitel Ranz)

Die meisten unkastrierten Fähen kommen einige Wochen nach Ranzbeginn in die sog. Dauerranz, da Frettchen einen induzierten Eisprung haben. Die Tiere nehmen dann ab, das Fell wird schütter. Es kommt zur aplastischen Anämie und Thrombozytopenie durch den Östrogenüberschuss. Durch die Blutgerinnungsstörungen findet man auch Blut im Harn. Evtl. sind die Blutleberwerte erhöht. Die Vulva ist riesig und blass. Haben die Tiere bereits Untertemperatur, sind „käseweiß“ und apathisch, ist die Prognose in faust.

Evtl. kann eine Bluttransfusion die Fähe retten. Ist die Erkrankung noch nicht so dramatisch fortgeschritten, kann (im Wettlauf mit der Zeit) noch ein Aufbau mit einer möglichst baldigen Kastration versucht werden. Wir geben eine Vitamin-Mineralstoff-Mischung mit Flüssigkeit s.c. und ein Antibiotikum. Sedometril® oder Perlutex® ½ Tbl. täglich können das Fortschreiten der Anämie evtl. aufhalten und die Ranz noch rechtzeitig unterbrechen. Erst wenn sie sich dann gut erholt hat, kann sie kastriert werden.

Ist die Fähe noch in einem guten Allgemeinzustand, kann sie kastriert werden, oder die Ranz wird mittels 100 i.E. HCG® exakt i.m. unterbrochen. Durch die Injektion wird der Eisprung ausgelöst und nach 14 Tagen (später als beim Deckakt) geht die Schwellung der Vulva zurück. Ist dies nicht der Fall, kann die Injektion noch einmal wiederholt werden. Vorsicht: es kann zu allergischen Reaktionen, anaphylaktischem Schock kommen. Zusätzlich kann natürlich der zeitliche Aufschub die Dauerranzsymptome vertärken. Durch die Implantation eines Suprelorin®chips kann ebenfalls die Ranz beendet werden, doch gerade dann müssen die zeitliche Verzögerung des Wirkungseintritts und die anfängliche Verstärkung der Ranzsymptome bedacht werden, so dass die Gefahr der tödlichen Dauerranz besteht. Ein kastrierter Rüde kann ebenfalls durch einen Deckakt die Ranz beenden.

Sechs Wochen nach Beginn der Tablettengabe oder nach der Injektion hat die Fähe eine Scheingeburt mit einer Scheinlaktation, sie ist „scheinschwanger". Sie schleppt Quietschepuppen, Partnertiere, manchmal auch die Hand des Besitzers in ihr Nest, ist aggressiver. Sie selbst verlässt kaum zum Fressen ihr Nest und hindert auch die Partnertiere daran. Seltsamerweise lassen diese alles über sich ergehen. Nach ca. 14 Tagen, manchmal auch erst nach 6 Wochen lässt dieser Zustand nach und die Fähe kommt wieder in die Ranz. Dieser Ablauf ließe sich fortsetzen, bis im Herbst die Ranz von alleine zurückgeht.

So ein Sommer ist für die Fähe ein einziger Stress und eigentlich ein verlorener Sommer und kann nur durch eine rechtzeitige Kastration unterbunden werden.

Fähen, die sehr lange in der Ranz oder die „scheinschwanger" waren, können bei der Kastration zu Blutungen neigen. Sie sollten deshalb nach der Operation ca. ½ Stunde unter Aufsicht bleiben. Bei jeder Blutung aus der Wunde sollte mit Konakion® (1 Ampulle) und einem Corticoid behandelt werden. Lässt die Blutung nach ½ Std. nicht nach, muss die Bauchhöhle erneut geöffnet und die Ligaturen müssen gesichert werden.

Bei unkastrierten Fähen oder bei Fähen, die nach einem Deckakt nicht aufgenommen haben, ist an die Problematik einer Pyometra zu denken. Ab dem 4. Lebensjahr treten gehäuft Eierstockstumoren oder -zysten auf. Auch aus diesen Gründen ist zu einer frühzeitigen Kastration zu raten.

bb) Weiblich kastriert, vermehrte Östrogenproduktion, Nebennierenrindenüberfunktion

Eitriger Ausfluss und leichte Vergrößerung der Vulva bei einer kastrierten Fähe deuten auf eine beginnende Nebennierenüberfunktion hin. Mit Antibiotikum und Metrovetsan® kann evtl. eine Besserung erzielt werden. Zeigen kastrierte Fähen dagegen richtige Ranzsymptome (die Vulva schwillt an, die Fähe markiert wieder, das Fell an der Kruppe wird schütter, der Nacken verdickt sich [„Ranznacken"], die Fähe ist extrem unruhig), gibt es dafür verschiedene Ursachen:

1. Ein Eierstock ist nicht vollständig entfernt worden, dann tritt dieses Phänomen kurz nach der Kastration auf. Um diesem Problem vorzubeugen, sollten bei der Kastration das den Eierstock umgebende Fettgewebe und ein Stückchen Uterushorn mit entfernt werden.

2. Eine Zyste, die an Gebärmutter- oder Eierstocksstumpf liegt, führt erst später zu Ranzsymptomen. Diese Zysten werden i.d.R. verursacht durch:

3. Überfunktion oder Tumor der Nebennierenrinde (evtl. mit Muskelatrophie und/oder Stammkörperfettsucht) und tritt ca. ab dem 4. Lebensjahr auf,

4. eine Fehlsteuerung der Hypophyse, ebenfalls ca. ab dem 4. Lebensjahr,

5. durch einen überaktiven Rüden („psychisch").

In den Fällen 2.-5. haben wir noch keine Probleme mit Dauerranzsymptomen erlebt.

Eine genaue Anamnese reicht meist zur Diagnosefindung aus. Evtl. kann mittels Ultraschall und/oder diagnostischer Therapie (HCG® oder Nebennierenpräparate) die Diagnose erhärtet oder eine Probelaparotomie vorgenommen werden. Zur Sicherheit sollte vorher ein Check der Leberwerte gemacht werden.

Hormon- und Cortisolwertbestimmungen sind ungeeignet zur Diagnosefindung, da die Werte selbst bei gesunden Tieren sehr schwanken.

Die klinischen Symptome einer Nebennierenüberfunktion zeigen sich in verschiedenen Ausprägungen:

Es können von nur verändertem Verhalten (Markieren, vermehrte Anhänglichkeit, leicht reizbar und „genervt"), Juckreiz ohne erkennbare Ursache, „Ranzgeruch" aber auch bis zu Fellverlust auf Kruppe und Nacken oder am gesamten Körperstamm und krustigen Ekzemen mit riesiger, blasser Vulva und krustigen Ekzemen Veränderungen in verschiedenen Abstufungen auftreten.

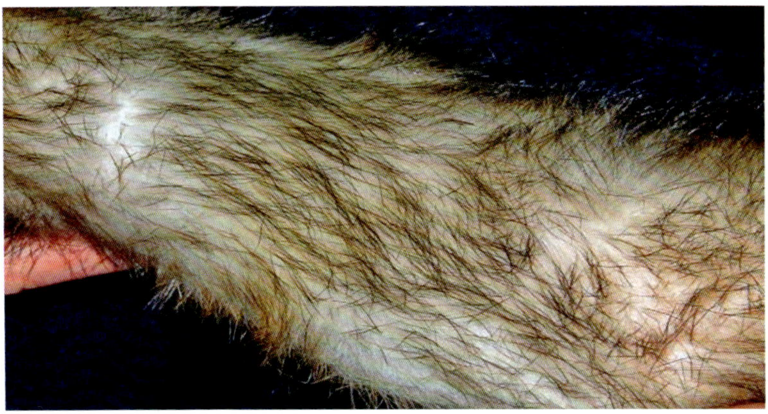

Ekzem unten rechts

Für die Therapie gilt das beim Rüden Beschriebene.

e) M. Cushing

In seltenen Fällen entwickelt sich ein klassisches Cushing-Syndrom mit Stammkörperfettsucht, Muskelschwund und schütterer Körperbehaarung. Im Anfangsstadium wird lediglich vermehrt Fettgewebe im Inguinalbereich eingelagert.

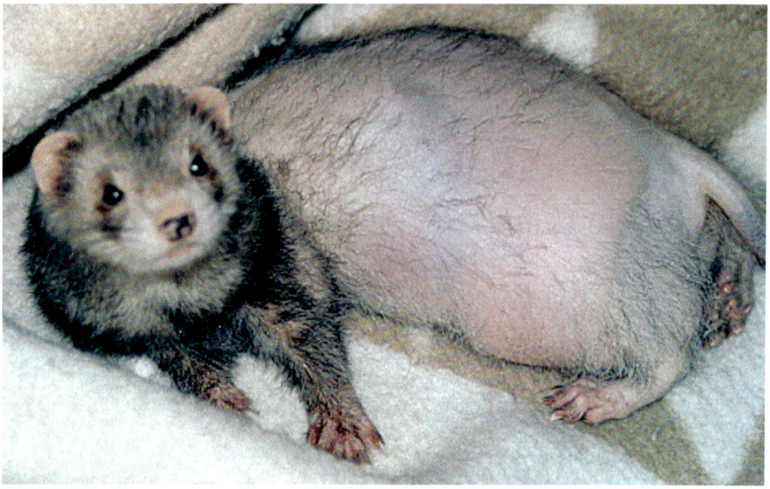

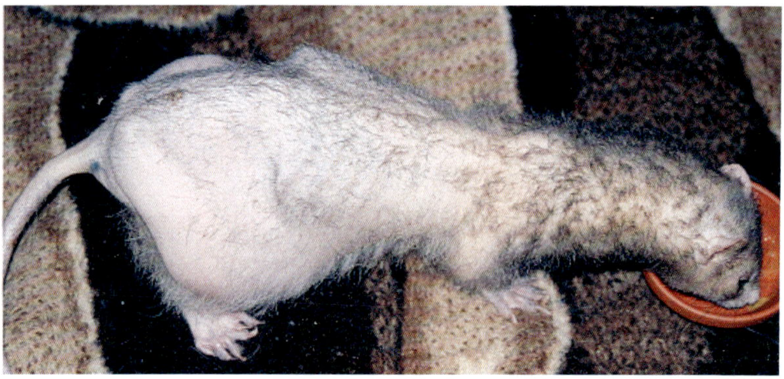

Zur Therapie können Lysodren® (mitotane 100-250 mg pro Tier alle 5 bis 7 Tage!) oder/und Nizoral® (Ketokonazol 10-15 mg/kg tgl.) eingesetzt werden. Sie zeigen Wirkung, wenn die Stammkörperfettsucht zurückgeht, die Tiere damit abnehmen, munterer werden und wieder Muskeln aufbauen. Die Dosierung kann dann evtl. kontinuierlich herabgesetzt werden. Als Nebenwirkung durch das Ketokonazol kann es zur Erhöhung der Leberwerte kommen, doch ist es bis jetzt von Frettchen sehr gut vertragen worden. Die Therapie mit Lysodren® kann zu Apathie und Inappetenz der Tiere führen, was mit kurzfristiger Cortison-Gabe und anschließender Dosisreduzierung behoben werden kann. Ggf. können vor der ersten Gabe ein mittelfristig wirksames Cortisonpräparat injiziert und dem Besitzer für Notfallsituationen (Unterzuckerung, Atemnot) Prednisolontabletten mitgegeben werden. Wenn die Tiere Lysodren® gut vertragen, reduzieren sie nach ca. 4-6 Wochen deutlich ihr Stammkörperfett, werden wesentlich munterer und bekommen wieder Fell. Die Dosierung sollte dann durch Verlängerung der Abstände angepasst werden.

Eine Therapie mit einem Suprelorin®chip kann zusätzlich erfolgen, als alleinige Maßnahme ist der Hormonchip nicht geeignet.

Vetoryl® (Trilostane) wäre das einzige zugelassene Präparat, doch habe ich damit keine guten Erfahrungen gemacht, da die Nebennieren unter der Gabe extrem wachsen können.

Häufig sind juckende, krustige Hautveränderungen beim Cushing-Syndrom zu finden, die nicht als Pilz- oder Milbenbefall fehldiagnostiziert werden dürfen.

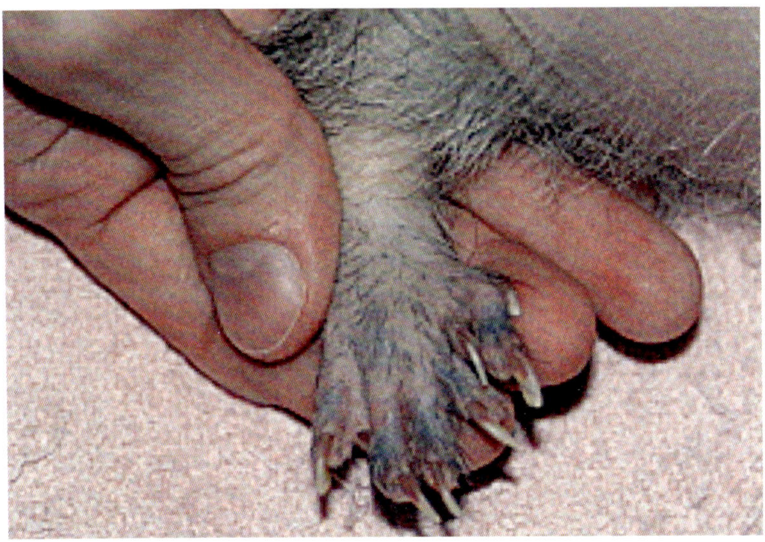

Dasselbe Tier 12 Wochen nach der Therapie mit Lysodren®. Das Tier zeigt deutlichen Fellwuchs und Gewichtsreduktion von 2.100 g auf normale 1.600 g. Zu beachten sind auch die bei Frettchen häufig vorkommenden überzähligen Krallen.

4. Herzkrankheiten (siehe Röntgenbilder)

In der Regel sind Rüden häufiger von Herzproblemen betroffen, evtl. leiden alte Fähen darunter. Leider hat in den letzten Jahren das Krankheitsbild deutlich zugenommen.

Angeborene Herzfehler werden mit ca. 1 Jahr klinisch manifest. Diese sind dann gut auskultierbar. Die Tiere husten verstärkt, kippen mit der Hinterhand weg (Differentialdiagnose Insulinom) und/oder sind sehr schlapp mit blassen Schleimhäuten.

Erworbene Herzfehler werden bei Rüden häufig ab dem 3.-4. Lebensjahr bei Routineuntersuchungen als Zufallsbefund diagnostiziert, ohne dass dem Besitzer etwas aufgefallen wäre. Die Herztöne sind dann verwaschener, langsamer und leiser als normal, es ist kein typisches „Stakkato" mehr hörbar. Häufig erfährt man erst durch Nachfragen, dass das Tier nachts öfter anhaltend hustet, was vom Besitzer als „Verschlucken" oder „Haare im Hals" fehlgedeutet wird. Dieser Herzhusten wird ausgelöst durch den Druck auf die Trachea oder durch ein Lungenödem.

Um einen akuten Herzzusammenbruch kann es sich handeln, wenn ein Tier mit den Worten vorgestellt wird: es knickt hinten weg, schläft sehr viel, spielt nicht mehr, frisst schlecht, legt sich mit Atemnot häufiger flach auf den Boden. Meist haben sie dann auch Untertemperatur und sind blass. Durch Auskultation lassen sich Differentialdiagnosen wie Nierenversagen, Wirbelsäulenverletzungen, Leberinsuffizienz, Cystitis, Hypoglycämie ausschließen.

Die erworbene Herzinsuffizienz ist beim Frettchen überwiegend eine dilatative Cardiomyopathie. Häufig ist dann auch die Milz gestaut, z.T. auch knotig verdickt und gut fühlbar (derb und schuhsohlenartig). Sie kann extreme Ausmaße annehmen und ist röntgenologisch in der lat/lat Aufnahme in der Mitte des Abdomens oder auf der a./p. Aufnahme an der linken Bauchwand als weichteildichtes Dreieck sichtbar.

Das gesunde Frettchenherz stellt sich röntgenologisch fast rund dar und hat einen Durchmesser von 2 Zwischenrippenräumen. Dazu muss das Tier aber exakt auf die Seite gelagert werden, da sonst bei Kippung des Thorax eine Rechtsherzinsuffizienz (Ausbeulung nach cran.) oder eine Linksherzinsuffizienz (Ausbeulung nach dorso caud.) vorgetäuscht werden.

Bei einer Herzinsuffizienz wird die Trachea nach caudal gedrückt und verläuft dann mehr oder weniger parallel zur Wirbelsäule. Der Herzschatten hat nicht mehr die typische fast kugelige Form, sondern nimmt fast die Form eines gesunden Hundeherzens an.

Ein Lungenödem stellt sich als flockige Zeichnung in der Lunge dar (an der Herzbasis oder cran. des Herzens) und darf nicht mit einer Pneumonie (sehr selten beim Frettchen) oder einer Bronchitis verwechselt werden.

In Zweifelsfällen sollen EKG und Ultraschall zu Rate gezogen werden oder das Ansprechen auf Medikamente kann die Diagnose bestätigen.

Bei angeborenen Herzfehlern handelt es sich eher um eine hypertrophe Cardiomyopathie, erworbene Herzfehler verursachen i.d.R. eine dilatative Cardiomyopathie. Rüden sind wesentlich häufiger als Fähen und bereits mit drei bis vier Jahren von einer erworbenen Herzinsuffizienz betroffen.

Therapie:

Als Standardtherapie zur Behandlung einer Herzinsuffizienz bieten sich ACE-Hemmer an, da sie sowohl bei hypertropher als auch dilatativer Cardiomyopathie eingesetzt werden können. Für eine dem Gewicht angepasste Dosierung werden die ACE-Hemmer wie für Hunde oder Katzen angegeben verabreicht, d.h. eine oder eine halbe Tablette wird in einer 10-ml-Spritze mit Wasser aufgelöst und dann pro kg KGW 1 ml verabreicht, mit etwas Katzenmilch oder Babybrei verfeinert. Die Dosierung kann nach Wirkung angepasst werden.

Berichten die Besitzer über nächtliche Hustenanfälle, lindert eine Injektion Furosemid (2 mg/kg) schnell die Beschwerden. Zur fortgesetzten Entwässerung kann oral Furosemoid 1-2x tgl. 2-4 mg/kg gegeben werden.

Pimobendan-Kautabletten eignen sich hervorragend zur Behandlung der dilatativen Cardiomyopathie. Bei Frettchen mit Dyspnoe, Leistungsschwäche, Husten, bewirkt dieser Wirkstoff kleine Wunder. Die Tiere erholen sich erstaunlich gut und schnell. Die Dosierung von Pimobendan kann sehr gut der Wirkung entsprechend angepasst werden und wird auch hoch dosiert gut vertragen. Nach Besserung der klinischen Symptome Husten und Dyspnoe kann die Entwässerung langsam ausschleichend reduziert werden. Die Frettchen müssen in dieser Zeit aber gut beobachtet werden, da sie sehr schnell bei zu starker Entwässerung austrocknen, aber auch den Anschein erwecken, als wäre alles wieder in bester Ordnung und zu spielen anfangen. Der Besitzer muss darauf hingewiesen werden, dass beim geringsten Hinweis auf ein erneutes Lungenödem die Entwässerung wieder gesteigert werden muss. Zur Unterstützung können Theophyllin 5-10 mg/kg (Solosin® 1-2-mal tgl. 1 Tr./kg), Cardiacum ® (1-3 Tbl. tgl.) oder Taurin eingesetzt werden. Eine Kaliumsubstitution ist nicht notwendig.

Schlägt die Therapie an, ist dies auskultatorisch gut zu diagnostizieren, aber v.a. am Verhalten der Tiere zu erkennen.

Die normale Herzfrequenz beim Frettchen soll 180-250 betragen. Bei einer Cardiomyopathie liegt sie deutlich darunter.

Herzarrhythmien treten ab und zu beim Frettchen auf, aber meist symptomlos. Bei Problemen können Lanitop liquidum (1 Tr. pro kg KGW), Dociton® (Propanolol 0,5-1 mg/kg 1x tgl.) oder ACE-Hemmer gegeben werden.

Im Anhang befinden sich einige Röntgenbilder mit verschiedenen Ausprägungen einer Herzinsuffizienz.

5. Infektionskrankheiten

a) Staupe

Die beiden ersten an Staupe erkrankten Frettchen, die ich gesehen habe, habe ich als Räude fehldiagnostiziert, ein Fehler, der mir in heilsamer Erinnerung geblieben ist. Die ersten deutlichen Symptome sind nämlich ein verkrusteter Nasenspiegel, Augen- und Nasenausfluss. Es kommt zu Verkrustungen der Haut und zu Verhärtungen der Ballen, die immer schlimmer werden. Es setzt sich Eiter unter die Krusten.

Besonders betroffen sind die Gesichts- und die Analregion. Die Haut am Rumpf färbt sich orange durch eine Hautentzündung mit einer vermehrten Talgproduktion.

Das Stadium der Lungen- oder der Darmstaupe tritt beim Frettchen entweder nur abgeschwächt auf oder wird als Schnupfen oder Durchfall anderer Genese interpretiert. Die Tiere trocknen aus und ersticken letztendlich.

Da die Mortalität 100 % beträgt, ist der Impfschutz äußerst wichtig. Die Amerikaner empfehlen ab der 6. Woche alle 3-4 Wochen 3-4 Impfungen. Wir impfen mit der 8. und der 12. Lebenswoche. Es gibt einen speziellen Staupeimpfstoff für Frettchen und Nerze in Abpackungen mit 5 Impfdosen, Febrivac dist® von der Firma IDT.

Bei starkem Infektionsdruck und bei noch nicht ausreichender Boosterung konnten wir Impfdurchbrüche sehen.

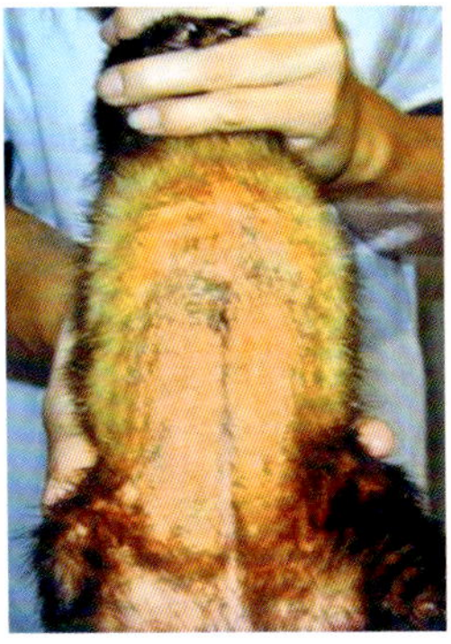

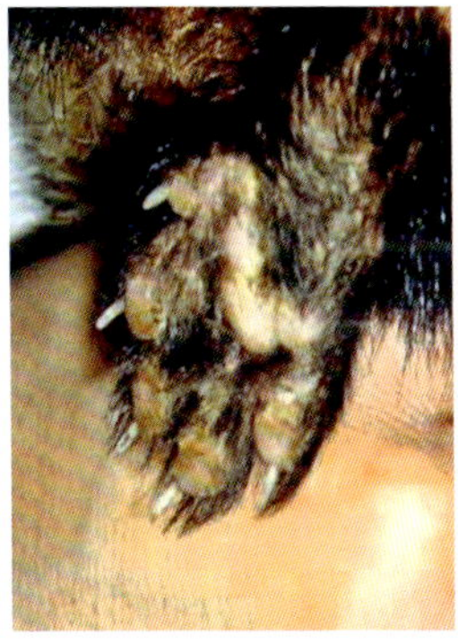

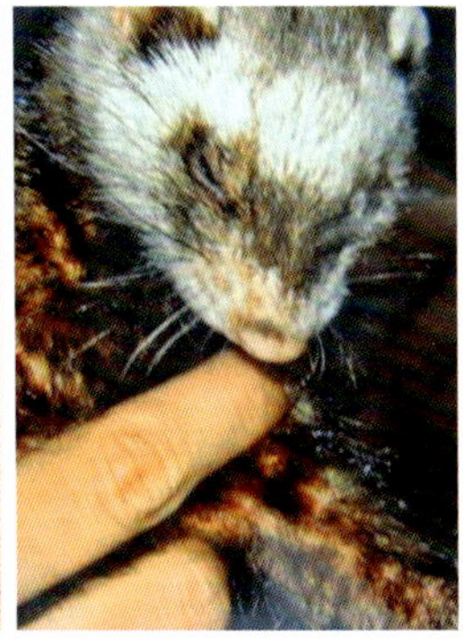

b) Leukose

Als bessere Alternative sollte man evtl. von Lymphomen reden, da eine infektiöse Genese zwar diskutiert wird, aber Retroviren noch in keiner Weise als Auslöser nachgewiesen werden konnten. Selbst die Pathologen sprechen nur von „leukoseähnlichen Veränderungen". Auch ein Blutausstrich führt nicht immer zur Diagnosebestätigung.

Die klinischen Symptome sind sehr vielfältig und damit auch die Liste der Differentialdiagnosen.

Am häufigsten ist das Erscheinungsbild, bei dem diese Erkrankung mit verdickten äußeren Körperlymphknoten abläuft. In der Regel ertastet man verdickte Körperlymphknoten eher als Zufallsbefund. Die Tiere sind in ihrem Allgemeinbefinden nicht gestört. Die Palpation der Lymphknoten löst aber meist eine schmerzbedingte Abwehrreaktion aus. Die Größe und Verteilung der Lymphknoten variieren. Es können nur ein einzelner bohnengroßer oder aber auch mehrere kirsch- bis hühnereigroße Lymphknoten auftreten. Hier ist die bevorzugte Behandlung die therapeutische Impfung gegen Leukose (näheres dazu am Ende dieses Kapitels).

Bei Jungtieren hat die Leukose oft einen hoch fieberhaften Verlauf mit Veränderung der inneren Körperlymphknoten und entsprechender Organbeteiligung. Leider lässt sich klinisch nur eine Verdachtsdiagnose stellen, die ggf. erst die Pathologen bestätigen. Es kann ein Therapieversuch mit Cortison (im Akutfall oder schlechtem Allgemeinbefinden) oder Leukeran® 2 mg 1/10 bis ½ Tbl. unternommen werden.

Eine weitere Variante der Leukose ist der Befall der Milz. Er äußert sich in einer starken Hypertrophie, die aber auch idiopathisch oder herzbedingt sein kann. Der Krankheitsverlauf kann schleichend über mehre Monate sein, dann ist die Prognose gut. Leider gibt es aber auch eine perakute Verlaufsform, bei der innerhalb von ein bis zwei Tagen Milz und innere Körperlymphknoten dramatisch anschwellen mit Fieber bis zu 41 °C. Dann ist die Prognose in faust.

Häufig sind an der vergrößerten Milz weder makroskopisch noch im histologischen Schnitt oder einer Biopsie deutliche leukotische Veränderungen (evtl. Mischgewebe aus Stauungs- und lymphatischer Hyperplasie) zu erkennen, doch wenn eine Milzextirpation möglich ist, bessert sich das Allgemeinbefinden der Tiere deutlich.

Selbst die vergrößerten inneren Körperlymphknoten nehmen nach der Operation deutlich an Umfang ab (näheres zur operativen Entfernung der Milz am Ende dieses Kapitels).

Als dramatische Form der Leukose kann bei jungen Tieren unter einem Jahr der Thymus leukotisch verändert sein. Die Tiere haben unbeeinflussbares Fieber und leiden unter heftiger Dyspnoe und Hustenanfällen. Im Röntgenbild kann der vergrößerte Thymus im Akutstadium häufig noch nicht erkannt werden, so dass eher an eine Pneumonie gedacht wird. Erst im fortgeschrittenen Stadium ist die vergrößerte Thymusdrüse im Röntgenbild erkennbar (s. Röntgenbild im Anhang). Leider kann diese Form der Leukose ebenfalls hochakut innerhalb von wenigen Tagen zum Tode führen. Tritt diese Form der Leukose bei einem älteren Tier auf, verläuft sie weniger dramatisch. Es kann ein Therapieversuch mit Cortison, Leukeran® 2 mg (Chlorambucil) und evtl. Zytovet® unternommen werden. Zytovet® wird zur Steigerung der körpereigenen Abwehr eingesetzt.

Therapie

Zusätzlich zu den bereits oben genannten Therapiemöglichkeiten sollte eine symptomatische Behandlung zur Unterstützung der befallenen Organsysteme vorgenommen werden.

Eine seit einigen Jahren eingesetzte, sehr gut wirkende, alternative Therapiemöglichkeit ist die therapeutische Impfung gegen Leukose. Sie ist v.a. bei verdickten äußeren Körperlymphknoten ggf. auch trotz klinischer Krankheitssymptome das Mittel der Wahl geworden und wird von uns inzwischen routinemäßig eingesetzt. Der Impfstoff für Katzen wurde auch bei hochgradig befallenen Tieren gut vertragen, bei denen andere Mittel nicht mehr anschlugen und die eigentlich eingeschläfert werden sollten. Bei den meisten Tieren sind die Lymphknoten abgeschwollen, waren nicht mehr schmerzhaft und sind nach einiger Zeit auf fast Normalgröße zurückgegangen. Ein ggf. gestörter Allgemeinzustand der Tiere besserte sich sehr schnell nach der ersten Impfung, auch wenn in seltenen Fällen das Wachstum der Lymphknoten trotz Wiederholungsimpfung nur eingedämmt werden konnte. Ein bei einigen Tieren gleichzeitig bestehendes eosinophiles Granulom ist ebenfalls nach der Impfung abgeheilt. In der Erprobungphase dieser neuen

Therapiemöglichkeit haben wir vor der Impfung ein Blutbild anfertigen lassen, doch es hat sich gezeigt, dass Veränderungen im Blutbild nicht mit den klinischen Symptomen korrelierten und der Schweregrad der Veränderungen keinen Einfluss auf die Wirkung der Impfung hat.

Die beste Erfahrung haben wir mit dem Leukoseimpfstoff der Fa. Virbac gemacht.

Prognose

Solange es sich bei der Leukoseerkrankung um die Verlaufsform der verdickten Körperlymphknoten handelt, kann mittels Impfung eine über 90%ige klinische Besserung erzielt werden. Je nach Befinden des Tieres wiederhohlen wir die Impfung nach der zweimaligen Grundimmunisierung im Abstand von 4 Wochen nach ca. ½ oder 1 Jahr und dann jährlich oder erst wieder bei Auftreten von Symptomen.

Als Vorbereitung des Immunsystems auf die Impfung oder zur allgemeinen Abwehrsteigerung bei bereits geimpften Tieren setzen wir Paramunitätsinducer ein.

Da Interferon tierartspezifisch ist, ist eine Wirkung beim Frettchen unwahrscheinlich. Es wird abgebaut oder es kann zu Schockreaktionen kommen.

Es scheint, als ob die Erkrankung durch die Impfung nicht ausheilt, sondern die körpereigene Abwehr so weit stimuliert wird, dass die Tiere symptomfrei leben können. Gelegentlich treten nach einigen Wiederholungsimpfungen auch keinerlei Krankheitssymptome im Zusammenhang mit der Leukose mehr auf.

Auf das Wachstum der inneren Körperlymphknoten (s. Röntgenbild), auf eine vergrößerte Milz, eine tumoröse Entartung des Thymusgewebes oder eine Organbeteiligung scheint die Impfung keine für das Tier positive Wirkung zu haben. Sie können auch bei geimpften Tieren plötzlich tumorös entarten. Da die Impfung aber das Allgemeinbefinden der Tiere deutlich bessert, ist ein Therapieversuch mit einer Impfung auch in diesen Fällen ratsam.

Die operative Entfernung einer leukotisch veränderten Milz ist umstritten. Wir führen eine Milzextirpation jedoch generell bei Verdacht auf eine leukotische Veränderung durch, da Lebensqualität und -erwartung nach der Operation i.d.R. wesentlich steigen. Als Prämedikation geben wir Antibiotikum, Cortison und Schmerzmedikament einige Stunden vor der Operation.

Schmerzmenagement ist äußerst wichtig, so dass die Tiere häufig bereits am Tag nach der Operation ein deutlich besseres Allgemeinbefinden zeigen. Für die Erstellung einer Prognose kann ein Blutbild angefertigt werden und an Hand der Retikulozytenanzahl eine Operation erwogen werden.

(Diese Erfahrungen wurden bereits in der Ausgabe 7 der Zeitschrift „Vet. Impulse" im April 1999 von mir veröffentlicht.)

c) Bakterielle und virale Atemwegserkrankungen

Grippeviren: Sie werden i.d.R. sehr leicht vom Besitzer auf das Tier übertragen. Frettchen werden wegen ihrer Anfälligkeit für Grippeviren sogar zur Herstellung von entsprechenden Impfstoffen für den Menschen in Labors gehalten und speziell dafür gezüchtet.

Bronchitis und Pneumonie treten äußerst selten auf (s. Röntgenbild „Pneumonie"). Meist handelt es sich bei entsprechenden Atemwegssymptomen um eine zugrundeliegende Herzinsuffizienz mit Lungenödem. Auch Weichteilvergrößerungen im Mediastinum, deren Ursache im leukotischen Formenkreis zu suchen ist, können im Endstadium eine starke Dyspnoe hervorrufen. Da meist erst im Endstadium Symptome bemerkt werden, glaubt man eher an ein akutes Geschehen. Im Röntgenbild erkennt man eine weichteildichte Masse cran. des Herzens, bei der es sich aber nicht um pneumonische Veränderungen, sondern um eine tumoröse Veränderung des Thymusgewebes und der Mediastinallymphknoten handelt (s. Kapitel Leukose).

6. Krankheiten der Haut und ihrer Anhangsorgane

a) Ektoparasiten

aa) Flohbefall

Frettchen, die in Außengehegen gehalten werden oder mit denen viel spazieren gegangen wird, neigen sehr schnell zu Flohbefall. Auch wenn Hunde oder Freigängerkatzen mit im Haushalt leben, können sie sich anstecken. Nur bei sehr starkem Befall lässt sich ein Floh im Fell des Frettchens finden. Wahrscheinlich mögen die Flöhe sich auf den lebhaften Frettchen nur ungern aufhalten. Selbst Flohkot wird kaum im Fell nachgewiesen. Besser zur Flohkotdiagnose eignen sich die Tücher aus den Schlafhütten, wenn sie über einer feuchten Badewanne ausgeschüttelt werden. Der Flohkot löst sich auf und es bilden sich rote Schlieren. Bei Juckreiz schießen die Frettchen aus ihren Kuscheltüchern, kratzen sich ausgiebig und gehen wieder schlafen.

Therapie

Bei heftigem Befall bietet sich das Einsprühen mit frontline® Spray als eine sichere Behandlung an, bei leichtem Befall und zur Prophylaxe können stronghold® spot on für Welpen oder Advantage®, Advocate® oder Advantix® spot on jeweils 0,1 ml/kg aufgetragen werden. Auch Comfortis® Tabletten können in der entsprechenden Katzendosierung eingesetzt werden.

bb) Zeckenbefall

Frettchen in Außengehegen und Tiere, die ausgeführt werden, aber v.a. Fundtiere haben häufig einen sehr starken Befall mit Nymphen. Auf grund der Winzigkeit der Nymphen lassen sich diese nur schwierig absammeln. Eine Injektion mit Ivomec® (0,4 mg/kg) tötet sie innerhalb von 24 Std. ab. Besser ist die prophylaktische oder therapeutische Behandlung mit frontline® Spray. Eine Anwendung ist ca. 5-8 Wochen wirksam. Zur Prophylaxe kann auch Advantix® aufgetropft werden.

cc) Ohrmilben

Ca. die Hälfte der vorgestellten Tiere leidet unter Ohrmilben. Jedes Frettchen sollte deshalb genauestens danach untersucht werden. Oft erzählt der Besitzer: die Tiere schießen aus dem Schlaf, kratzen sich am ganzen Körper und gehen wieder schlafen. Dies ist eine typische Reaktion auf Ohrmilben- oder Flohbefall (DD evtl. Fellwechsel). Viele Tiere zeigen sich aber auch symptomlos. Erst bei der Adspektion mit dem Othoskop lassen sich Parasiten oder dickes, rotbraunes Sekret, oft als Pfropfen vor dem Trommelfell erkennen.

Besteht nur der Verdacht auf Ohrmilben, kann mittels tiefer Reinigung mit einem Ohrstäbchen die Diagnose bestätigt werden: die Tiere kratzen mit der entsprechenden Hinterpfote im „Stepptanz“ mit. Ein Ausstrichpräparat unter dem Mikroskop zeigt dem Besitzer eindrucksvoll die „Untermieter“ und deren Eipakete. Geringe Mengen hellbraunen Sekrets sind physiologisch.

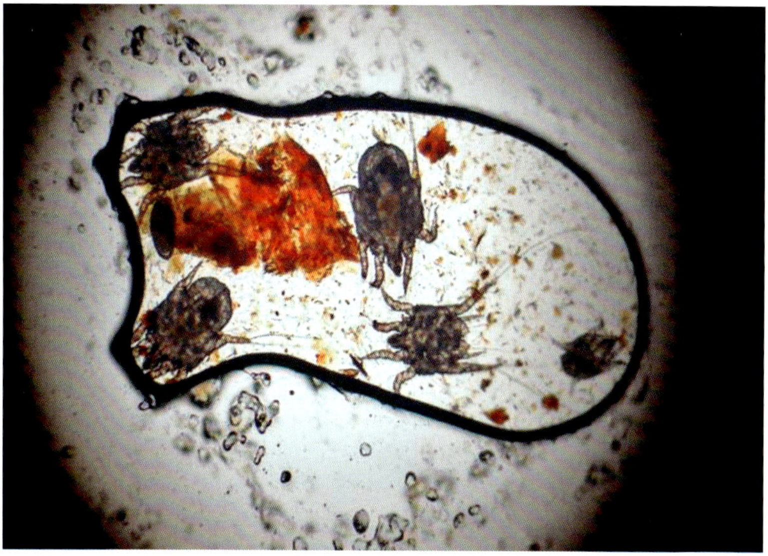

Therapie

Die Therapie mit Otimectin vet.® müsste 3x im Abstand von einer Woche gegeben werden. Dies ist vielen Besitzern zu aufwendig. Bessere Möglichkeiten sind: frontline® spot on lokal ins Ohr geträufelt (nicht dafür zugelassen) (0,1 ml/1000 g Tier pro Ohr) mit ein- oder zweimaliger Wiederholungsbehandlung im Abstand von 4 Wochen. Vor der Anwendung und dann in wöchentlichem Abstand müssen die Ohren mit Öl gereinigt werden. Stronghold® spot on (eine Ampulle für Welpen pro Tier) wirkt bei ein- bis zweimaliger Gabe nach meinen Erfahrungen nicht so überzeugend. Advocate® für Katzen 0,1 ml pro kg (d.h. 10 mg Imidacloprid und 1 mg Moxidectin) kann eingesetzt werden, aber ebenfalls ohne anhaltende Wirkung.

dd) Hautmilben

Das Vorliegen einer Erkrankung mit Sarkoptes- oder Demodexmilben konnte noch nie diagnostiziert werden. Gelegentlich wurden Herbstgrasmilben gesehen.

b) Fettschwanz

Dieses „Symptom“, das auch als Schwanzräude, Nacktschwanz oder gar tödlich verlaufender Schwanzkrebs bezeichnet wird, ist keine Erkrankung, sondern ein Phänomen, das im Sommer häufig auftritt. Es kommt zum Fellverlust und teilweise zur Vergrößerung und Schwarzfärbung der Talgdrüsen. Da das Fell im Herbst/Winter meist wieder ganz normal nachwächst, wird es sich um einen Mechanismus zur Wärmeregulierung handeln. In seltenen Fällen bleibt unter dem Winterfell die verstärkte Talgproduktion bestehen. Entwickeln sich daraus blutige, verkrustete Ekzeme (eosinophiles Granulom), kann sich eine Nebennierenüberfunktion anzeigen. Deshalb sollte der Fellzustand an den typischen Stellen und eine beginnende Stammkörperfettsucht beobachtet werden. Vor allem wenn cranial des zweiten Schwanzwirbels Kruppe und Beckenbereich mit betroffen sind, sollte man an diese Differentialdiagnose denken (s. Kapitel Erkrankungen des Geschlechtsapparates).

Fettschwanz mit beginnendem Fellwuchs im Herbst

c) Eosinophiles Granulom

Beim Frettchen handelt es sich dabei um trockene, rissige, rote Hautstellen, die sich nur geringfügig durch Cortisongaben beeinflussen lassen.

Meist treten sie im Zusammenhang mit einer leukotischen Erkrankung oder mit einer Nebennierenrindenüberfunktion auf (s. Fettschwanz).

d) Adenome oder Adenocarcinome der Präputialdrüsen

Sie lassen sich im frühen Stadium mit einigem chirurgischen Geschick entfernen. Evtl. besteht auch ein Zusammenhang mit einer Nebennierenrindenüberfunktion. Im Extremfall muss das gesamte Präputium entfernt und eine Penisamputation durchgeführt werden.

e) Alterswarzen

Sie sind bei älteren Tieren recht häufig und können je nach Lokalisation z. T. unter Lokalanästhesie und Ablenkung durch Vitaminpaste leicht operativ mittels Scherenschlag entfernt werden.

f) Verknorpelungen der Ohrmuscheln

Knorpel- oder Knochenzubildungen der Ohrmuscheln sind Missbildungen, die ein- oder beidseitig so stark sein können, dass der Gehörgang völlig zugedrückt wird. Sie sind leicht herauszuoperieren und die Wunden heilen offen gelassen gut aus.

g) Bösartige Tumoren der Haut

Dabei handelt es sich um v. a. bei jüngeren Frettchen vorkommende, schnell wachsende und an der Oberfläche nekrotisierende Tumoren, die oft trotz großzügiger Entfernung rezidivieren. Die Art der Tumoren variiert.

h) Pilzerkrankungen

In der eigenen Praxis konnten wir noch keine Hautpilzerkrankung diagnostizieren. Selbst der Verdacht auf eine Pilzerkrankung bei überwiesenen Patienten konnte nicht bestätigt werden und dem Juckreiz und den Hautveränderungen eine andere Ursache zugeordnet werden. Die bräunlichen Hautschuppen bei Frettchen in der Ranz oder mit einer Nebennierenüberfunktion, manchmal auch beim Fellwechsel, entstehen durch eine hormonbedingte, übermäßige Talgproduktion und sind keine Veränderungen durch Hautpilz, auch wenn sie im Schwarzlicht aufleuchten. Es handelt sich nicht um das typische, hellgrüne Leuchten am Haarschaft.

i) Analbeutelentzündungen

Sie treten beim Frettchen zum Glück nicht sehr häufig auf. Aber Analbeutel, die immer wieder übermäßig gefüllt sind und nicht selbständig entleert werden können, müssen ausgedrückt, evtl. auch in Narkose gespalten werden. Da dies für das Tier eine äußerst schmerzhafte Prozedur ist (der üble Geruch verfliegt ziemlich schnell), sollte versucht werden, mit Causticum® D12 (1-3 Tbl.) oder bei eitrigem Sekret mit Calcium Sulfuricum® D12 (1-3 Tbl.) zumindest die Abstände zu verlängern.

Nur bei chronischer Erkrankung der Analbeutel dürfen diese entfernt werden. Bei jeder generellen Entfernung handelt es sich um eine durch das Tierschutzgesetz verbotene Amputation. Das Sekret der Analdrüsen macht bei artgerechter Tierhaltung dem Besitzer auch keine Probleme, da es nur in Angst- und Schrecksituationen vom Tier abgegeben wird. Der von einigen Besitzern beanstandete „üble" Geruch durch Frettchen kann i.d.R. durch die Kastration oder durch eine bessere Katzenklohygiene behoben werden.

j) Tränende Augen

Sie sind beim Frettchen ziemlich häufig, aber selten infektiös bedingt. Wahrscheinlich handelt es sich um rezidivierend verstopfte Tränennasenkanäle. Häufig tritt dieses Symptom unspezifisch bei gestörtem Allgemeinbefinden auf. Eine Linderung kann mit Staphisagria® D6 (1-3 Tbl.) oder mit Silizea® D6 (1-3 Tbl.) erreicht werden. Zur Abwehrsteigerung kann ein Paramunitätsinducer gegeben werden. Kleine tränende Augen treten auch bei herzkranken Patienten oder im hypoglycämischen Anfall auf.

III. Kapitel: Verhalten

1. Allgemeines

Viele typische Verhaltensweisen der Frettchen wurden bereits in den beiden vorausgehenden Abschnitten erwähnt. Einiges wird hier stichpunktartig wiederholt, anderes ausführlich beschrieben.

Gesunde, ausgeglichene Tiere toben, sobald sie aus dem Käfig gelassen werden altersentsprechend mehr oder weniger übermütig durch die Wohnung und müssen abchecken, ob alles noch in Ordnung ist, oder ob sich etwas verändert hat. Sie hüpfen, galoppieren seitwärts, schlagen mit dem Kopf, rennen rückwärts und lassen das typische „Gockern" hören. Sie balgen sich mit Rudelmitgliedern und scheinen die Rangordnung wieder festzulegen. So ist die kleine Frettchenwelt in Ordnung.

Auch zur Beurteilung des Gesundheitszustands in der Sprechstunde sollten die Tiere sich möglichst frei bewegen können. Leider zeigen aber kranke Frettchen noch sehr lange dieses unbekümmerte und neugierige Verhalten, so dass Besitzer und Tierarzt über den wahren Zustand getäuscht werden können.

2. Stubenreinheit

Nur in seltenen Fällen wird ein Frettchen zu 100 % stubenrein. Selbst bei psychisch ausgeglichenen Tieren geht öfter „etwas" auch mitten auf den Teppich. Veränderungen im gewohnten Tagesablauf, neue Rudelmitglieder oder selbst separierte Besuchertiere bringen Unruhe in die Gruppe und führen zum Verlust der Stubenreinheit.

Lange bevor Frettchen geschlechtsreif werden, fangen sie an, ihr Revier mit winzigen Kothäufchen und Harn zu markieren. Bei den meisten Tieren legt sich dieses Verhalten einige Zeit nach der Kastration, andere zeigen dieses Markierverhalten immer wieder. Werden Kämpfe unter den Tieren ausgefochten, entleert das unterlegene Tier unter lautstarkem Gequietsche Blase, Darm und Analdrüse.

Verhalten beim Annähern eines „unsympathischen" neuen Frettchens.

3. Bissigkeit

Nur die wenigsten Tiere aus privater Haltung sind wirklich bissig. Ein übermütiges Zwicken beim Spiel zeigen die Tiere untereinander und damit natürlich auch beim Menschen. Sie lernen aber, vorsichtiger mit dem schmerzempfindlicheren Menschen zu spielen, wenn dieser laut aufquietscht. Auch ein „Klaps" kann das Frettchen bremsen.

Nur selten sind Frettchen so unleidlich, dass sie sich schmerzhaft verbeißen. Im Extremfall können sie einen „Beißkrampf" bekommen, der nur schwer zu lösen ist. Die Tiere beißen heftig zu, lassen etwas locker und beißen noch fester zu. Evtl. lassen sich die Tiere durch Vitaminpaste o. ä. so ablenken, dass sie loslassen. Ein Kieferaufbiegen kann evtl. dazu führen, dass sich das Frettchen an das neue Opfer wendet und zubeißt. Auch zugeführter Schmerz irgendeiner Art führt dann nur zu noch wütenderem Zubiss. Also Ruhe bewahren, die Tiere beruhigen und ablenken. Ursachen für derartige

Beißattacken sind Angst, extreme Unsicherheit, häufiger kurzfristiger Besitzerwechsel, Fähen mit Welpen, „scheinschwangere“ Fähen, Tiere aus isolierter Käfighaltung aber auch sehr hungrige Tiere.

Hungrige Jungtiere werden schnell missmutig und können bei Manipulationen heftig zubeißen. Dem Besitzer muss geraten werden, Futter ad libitum bereitzustellen. Selbst die kurze Wartezeit beim Tierarzt kann die Welpen zu „bissigen Raubtieren“ werden lassen. Vor der Hauptfütterung sind Rudelmitglieder untereinander ebenfalls aggressiver.

Einige Frettchen können z. B. nur ihren Besitzer leiden und beißen alle anderen Menschen, oder sie können alle Menschen gut leiden und nur eine bestimmte Person nicht. Da dieses Verhalten reproduzierbar ist, ist davon auszugehen, dass Frettchen die Menschen genau unterscheiden können. Stimmt diese so genannte Chemie aber zwischen Besitzer und Frettchen nicht, bleibt zum Wohle des Tieres nur die Vermittlung in ein anderes Zuhause. Dort kann sich das Tier völlig anders verhalten.

Fühlen sich Tiere in einer Pflegestelle nicht wohl, oder werden sie zu Hause zu wenig gehändelt oder zu selten aus dem Käfig gelassen, können sie ebenfalls bissig werden.

4. Futterverweigerung

Die meisten trauernden Frettchen verweigern die Nahrungsaufnahme. Die „Abschiebung“ in eine unbekannte Pflegestelle oder der Verlust des Partnertiers können für ein Frettchen eine so schlimme Belastung bedeuten, dass es nach und nach weniger frisst. Diese Inappetenz führt zu einem Teufelskreis: die Tiere bekommen schleimigen, grünlichen Durchfall, der dann wässrig wird. Sie trocknen immer mehr aus, werden apathischer, die Blutleberwerte steigen an, bis die Tiere nur noch mit Zwang am Leben zu halten sind. Schwere Krankheit oder gar Verlust des Partnertiers können eine so starke Futterverweigerung auslösen, dass das zweite Frettchen nach zwei bis drei Wochen auch stirbt oder eingeschläfert werden muss. Die einzige Möglichkeit so einem trauernden Tier zu helfen, ist die Gesellschaft eines ihm bekannten Frettchens. Wir raten deshalb allen Frettchenbesitzern, kontinuierlich Kontakt zu anderen Frettchen zu halten oder evtl. drei Tiere zu halten. Evtl. kann das Heimwehmittel Ignatia D30 die Trauer lindern.

Bei kranken Tieren muss darauf geachtet werden, dass ständig frisch angerührtes Futter angeboten wird und Wasser in gut erreichbarer Nähe steht. Ggf. müssen inappetente Frettchen dreimal täglich oder auch alle 2 Std. mit Brei gefüttert oder zwangsernährt werden.

5. Integration eines neuen Frettchens in ein Rudel

Generell ist zu beobachten, dass, je größer ein Rudel ist, desto schwieriger ist es, ein neues Mitglied zu integrieren. Es sieht aus, als ob das Rudel „dicht macht".

Solange nur drei oder vier Frettchen im Bestand sind, wird ein neues Tier, unabhängig von Geschlecht und Alter, meist sofort mit freundlichem „Gockern" als Kumpel aufgenommen. Kleine Reibereien mit etwas Gequietsche und Nackenbeißen sind harmlose Rangordnungskämpfe. Erst wenn dabei auch heftig geschüttelt wird, der Rangniedere unter sich macht und herzzerreißend schreit, sollten die Besitzer dazwischen gehen. Die Tiere sollten dann aber nur kurzfristig getrennt und nur im Extremfall für längere Zeit getrennt eingesperrt werden, denn jeder erneute Kontakt bedeutet ein neues Aufgreifen der Rangordnungskämpfe. Leider gibt es aber oft keine andere Möglichkeit und die Tiere müssen nachts, oder wenn der Besitzer das Haus verlässt, in verschiedene Käfige gesetzt werden.

Neu ins Rudel gesetzte Jungtiere haben es leichter aufgenommen zu werden, da sie sich besser zur Wehr setzen als ältere und auch noch unbekümmerter ihren neuen Freunden entgegengehen. Sie stecken eine kurzfristige Erziehungsmaßnahme ohne Probleme weg. Zu junge Welpen dagegen können evtl. so stark bekämpft werden, dass es besser ist, sie bis zu einem Alter von ca. 4 Monaten nur mit „netten" Rudelmitgliedern in Kontakt treten zu lassen. Sie dürfen keineswegs nur isoliert gehalten werden, da sie sonst das arttypische Sozialverhalten verlernen und bei jedem Kontakt zu Frettchen sofort anfangen zu schreien. Sie sind dann ein leichtes Opfer der übrigen Rudelmitglieder.

Ein Jungtier, das Partnertier für ein älteres Frettchen werden soll, wird am besten von diesem ausgesucht. Das ältere Frettchen wird einen Welpen im Nacken greifen und diesen unter zeterndem Protest wegschleppen. Diese beiden werden unzertrennliche Partner. Auch im neuen Zuhause wird sich dies abspielen. Der Besitzer braucht sich nicht um das Baby zu sorgen, es wird ihm nichts geschehen, da der ältere Mutter- bzw. Vaterrolle übernommen hat.

Wenn der Welpe langsam geschlechtsreif wird, kann es aber für das ältere Frettchen ziemlich belastend sein, da das Jungtier anfangs spielerisch, später ernsthafter Rangordnungskämpfe ausführen möchte. Eine latent vorhandene Herzschwäche kann in dieser Zeit zum Ausbruch kommen oder sich verschlimmern. Vielleicht lässt sich der Besitzer dann zum Erwerb eines zweiten Jungtiers überreden, damit zwei gleichstarke die normalen Kämpfe ausführen können und das Alttier in Ruhe gelassen wird. Sie werden sich mehr oder weniger heftig balgen, aber das ist nicht böse gemeint. Sie lassen dabei das typische freudig erregte „Gockern" hören. Sobald zwei Rüden, auch Geschwistertiere, allmählich geschlechtsreif werden (z. T. bereits mit 4 Monaten), bekämpfen sie sich intensiver. Sie beißen sich gegenseitig in den Nacken und wälzen sich laut quietschend. Mit der Zeit entstehen krustige Wunden. Erst wenn die Rüden kastriert sind, lässt dieses Verhalten nach und sie werden untereinander zu friedlichen Gesellen. Fremde Rüden, auch wenn sie kastriert sind, und Fähen können aber wieder genau so bekämpft werden und es dauert oft lange Zeit, bis sie akzeptiert sind.

Ein kastrierter älterer Rüde ist dagegen problemloser bereit, ein Weibchen in der Ranz als einen geschlechtsreifen Rüden aufzunehmen.

Nicht nur Rüden, sondern auch kastrierte Fähen können sich lautstark, teilweise über Jahre bekämpfen. Es kommt jedoch nicht zu so schlimmen Verletzungen im Nacken.

Manche Rudel nehmen eher unkastrierte Rüden oder Fähen auf als kastrierte. Sie lassen größere Abstände zum neuen Gruppenmitglied und der/die „Neue" erobert sich nur langsam sein/ihr neues Reich. Sie gehen sich aus dem Weg.

Tiere, die lange keinen Kontakt zu anderen Frettchen hatten, verlernen das arttypische Sozialverhalten und gehen nur schwer eine

Partnerschaft ein. Sie flüchten in eine Ecke und wehren schreiend jeden auch noch so harmlos gemeinten Kontakt ab. Genauso reagieren Frettchen, die jahrelang nur zu zweit gehalten wurden. Sie können sich nur langsam auf das Verhalten eines anderen Frettchens einstellen.

Aus Angst laufen sie evtl. dem ranghöheren Tiere hinterher, schreien ihm mit hohen Quietschtönen ins Ohr. Für uns ist dies oft ein völlig unverständliches Verhalten, da das derart verfolgte Tier scheinbar völlig harmlos ist. Doch das schreiende Frettchen hat speziell mit diesem Tier oder mit anderen schlechte Erfahrungen gemacht.

6. Einige Stichpunkte zum Verhalten

Frettchen zeigen kaum ein Mimenspiel. Nur der gut beobachtende Besitzer erkennt am Gesichtsausdruck das Befinden seines Tieres und nur das Tier, das eine intensive Beziehung zu seinem Besitzer hat, teilt sich so mit.

- ➲ Schwanzwedeln bedeutet spielerisches oder ernsthafteres Beutegreifverhalten.
- ➲ Beim Spielen und Toben wird übermütig mit dem Kopf hin und her geschlagen.
- ➲ Eine Verständigung der Frettchen untereinander in einem eingespielten Rudel erfolgt u.a. durch Schnuppern an Ohren und Analgegend, durch Schnauze auf die Kruppe oder Widerrist legen, durch abwehrendes kurzfristiges Maulaufreißen oder Heben der Vorderpfote, durch aufmunterndes Schubsen mit der Schnauze.
- ➲ Frettchen können sehr lange Zeit Krankheiten überspielen.
- ➲ Futter wird nicht im Napf, sondern daneben gefressen oder verschleppt.
- ➲ In Außengehegen können sehr lange und tiefe (über 1,20 m) Gänge gebuddelt werden.

Zwei Tiere, die sich gut verstehen.

IV. Kapitel: Hinweise zur Haltung von Frettchen

Haltungsrichtlinien

a) Allgemeines:

Frettchen sind durch Domestizierung aus dem Iltis entstanden. Sie sind nur bedingt als Käfigtiere zu bezeichnen. Im Laufe der Entwicklung sind Frettchen zu Rudeltieren geworden. Es wird deshalb eine paarweise oder besser artgerechte Gruppenhaltung empfohlen.

Der Freilauf der Tiere mehrmals täglich (2-3-mal) über mehrere Stunden (1-3 Stunden) ist wichtig für die Beobachtung des Allgemeinbefindens der Tiere, deren körperliche und geistige Entwicklung und ein ausgeglichenes Wesen. Die Art der Haltung kann nicht die Anforderungen an den täglichen Freilauf beschränken.

b) Unterbringung:

Werden Frettchen nicht kontinuierlich frei in der Wohnung oder in einem eigenen Zimmer gehalten, benötigen sie eine artgerechte Unterbringung in einem Käfig in der Wohnung mit den Mindestmaßen von 100x100 cm Bodenfläche und einer Höhe von 150 bis 200 cm bzw. einer Mindestgrundfläche von 150x80 cm bei einer Höhe von 120 bis 150 cm. Der Käfig ist durch mehrere gegen Abrutschen gesicherte Sprungbretter und/oder Kletterröhren in zwei bis drei Etagen zu unterteilen.

Als Mindestausstattung des Käfigs sollten zwei oder mehr Schlafmöglichkeiten in Form von Hängematte oder Schlafhäuschen, zwei Katzentoiletten mit Einstreu, Wassernapf zum Hängen sowie Fressnäpfe vorhanden sein. Heu und Stroh sollte als Nestmaterial wegen Schimmelgefahr nicht verwendet werden; besser geeignet sind nicht fadenziehende Baumwolltücher. Der Käfigboden darf nicht eingestreut sein, da Frettchen ihr Futter darin wälzen und ggf. Streu mitfressen können.

Wird entsprechend häufig Freilauf geboten (s. oben), können in einem Käfig von diesem Ausmaß und dieser Ausstattung maximal fünf Tiere gehalten werden.

Für die Haltung auf dem Balkon gelten die gleichen Mindestmaße. Ein Süd- oder Westbalkon ist für die dauerhafte Unterbringung auch bei ausgespannter Markise ungeeignet. Zusätzlich muss eine Absicherung gegen Entweichen der Tiere und gegen Abstürzen vorhanden sein und der Käfig oder der Balkon gegen Einbruch von außen gesichert sein.

Bei einer Außenhaltung ist eine Einzeltierhaltung grundsätzlich abzulehnen.

Zusätzlich zur allgemeinen Mindestausstattung (s. Wohnungshaltung) soll in den Sommermonaten eine mit Wasser gefüllte flache Schale, in den Wintermonaten eine isolierte Schlafbox und eine am besten mit der Schlafbox kombinierte und gut isolierte Futterhütte vorhanden sein. Es muss darauf geachtet werden, dass weder Futter noch Wasser einfrieren können. Evtl. kann mit Hilfe einer Wärmflasche die Temperatur in der Futterkammer in Plusgraden gehalten werden.

Das Maß einer Außenvoliere, in der sich die Tiere überwiegend aufhalten sollen, muss mindestens 6 m^2 Grundfläche pro zwei Tiere betragen. Für jedes weitere Tier ist ein weiterer Quadratmeter notwendig. Es muss die Möglichkeit zum Graben gegeben sein (60 cm tiefes Erdreich), eine Hälfte des Geheges muss ständig beschattet sowie vor Regen geschützt sein. So wie bei Balkonhaltung ist eine Wasserschale bzw. eine winterfeste Hütte notwendig. Die Tiere müssen am Entweichen gehindert werden können und das Gehege gegen Einbruch gesichert sein.

Eine Ausstattung in mehreren Etagen und eine abwechslungsreich gestaltete Einrichtung mit Spring-, Kletter- und Spielmöglichkeiten sind wichtig für eine artgerechte Unterbringung.

Gerade bei isolierter Volierenhaltung sollte ein intensiver Kontakt zum Menschen von täglich mehreren Stunden (2-3 Stunden) angestrebt werden.

Eine Haltung oder gar Zucht in Kaninchenbuchten ist grundsätzlich abzulehnen.

c) Fütterung

Futter und Wasser müssen kontinuierlich zur freien Verfügung bereitstehen.

In den Sommermonaten muss über einen rechtzeitigen Futteraustausch nach ca. 8 Std. ein starker Befall mit Fliegeneiern, in den Wintermonaten ein Einfrieren vermieden werden. Die Ernährung muss artgerecht und abwechslungsreich, einem Raubtier angemessen sein.

d) Gruppenhaltung

Für eine artgerechte Haltung in Gruppen ist eine Kastration dringend anzuraten. Fähen, die nicht gedeckt werden sollen, sollen grundsätzlich zur Vermeidung einer Dauerranz kastriert werden.

e) Pflege

Die Pflege beinhaltet die regelmäßige Reinigung der Katzenklos (mindestens zweimal täglich), das Wechseln der Schlaftücher (mindestens einmal pro Woche), das Krallenschneiden (nicht zu kurz) und die Ohrreinigung (jeweils ein- bis zweimal pro Monat).

Für eine längerfristige Unterbringung in Zoogeschäften lassen sich diese Empfehlungen kaum verwirklichen, so dass sich alle Zoogeschäfte dem Präsentationsverbot von Frettchen entsprechend den Läden des Zoofachverbandes anschließen sollten.

f) Haltung von Farmfrettchen zur Pelzgewinnung oder zu Forschungszwecken

Diese Tierhaltung ist im Europäischen Übereinkommen zum Schutz von Tieren in landwirtschaftlicher Tierhaltung auf der 37. Sitzung des ständigen Ausschusses am 22.06.1999 festgesetzt worden.

Zusätzlich zum Nestkasten muss ihnen ein Käfig von einer Mindestfläche von 2.550 cm^2 zur Verfügung stehen (dies entspricht leider nur ¼ m^2). Ab dem dritten Tier muss die Fläche um jeweils 850 cm^2 erweitert werden. Die Höhe muss so ausreichend sein, dass sich die Tiere aufrichten können. Die Käfige dürfen nicht übereinander angeordnet sein. Tiere, die nicht ausgewachsen sind, dürfen nicht isoliert gehalten werden. Zuchttiere, die ausnahmsweise in Paaren gehalten werden, müssen angemessen überwacht werden.

V. Kapitel: Röntgenbilder

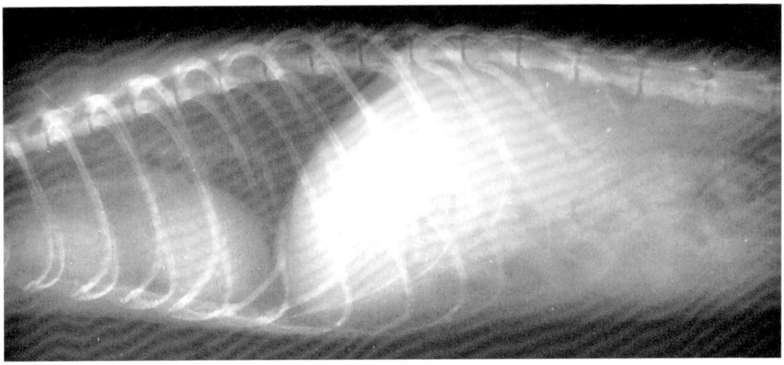

Bild 1: Thymusdrüsentumor bei einem 16 Monate alten Frettchen.

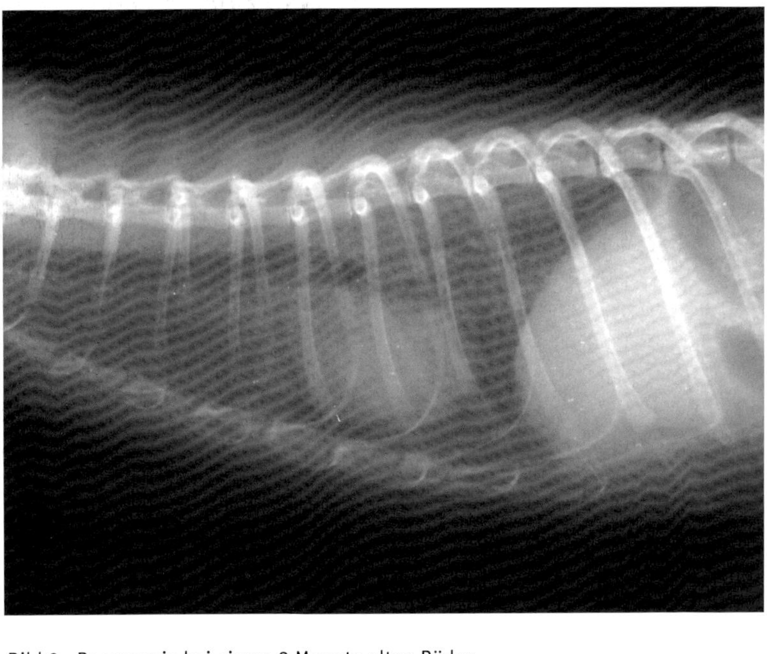

Bild 2: Pneumonie bei einem 8 Monate alten Rüden.

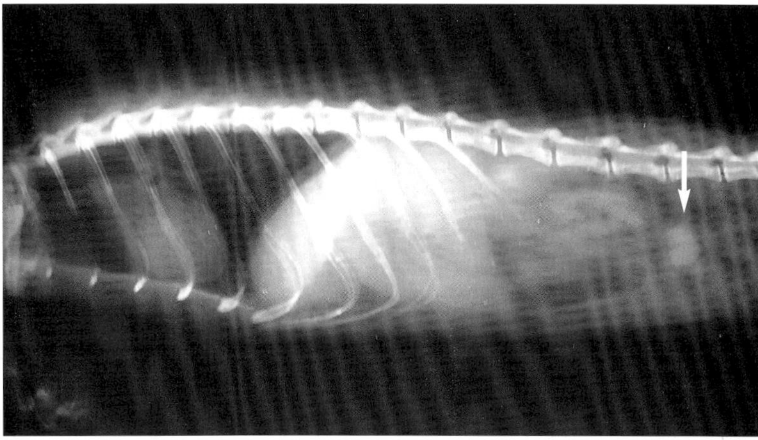

Bild 3: Physiologische Herzform. Im Darm befindet sich ein Fremdkörper.

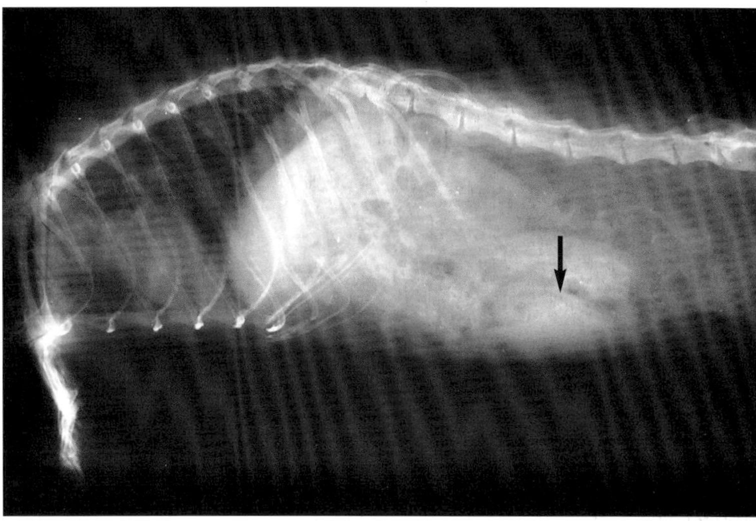

Bild 4: Beginnende Herzinsuffizienz mit geringgradigem Lungenödem und deutlich vergrößerter Milz.

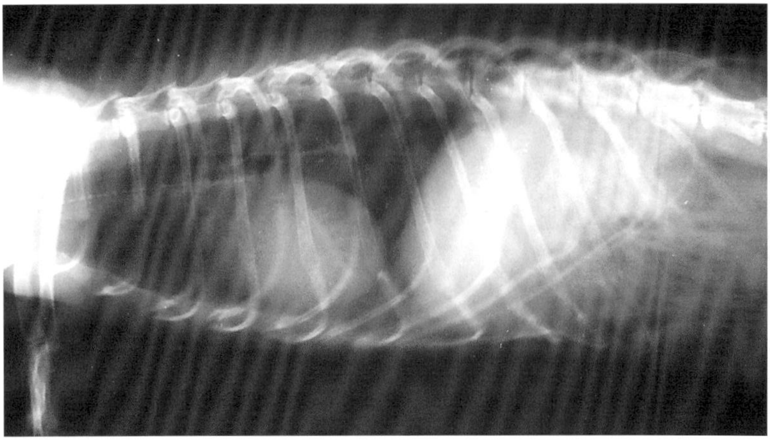

Bild 5: Beginnende Herzinsuffizienz, die Trachea liegt parallel zur Wirbelsäule, die Lungengefäße über dem Herzschatten sind gestaut.

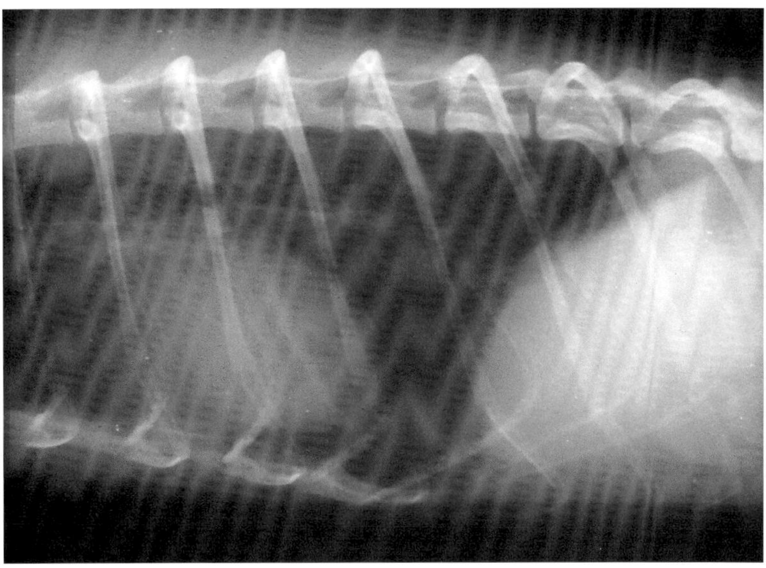

Bild 6: Beginnende Herzinsuffizienz mit gestauten Gefäßen bei einem 4-jährigen Rüden.

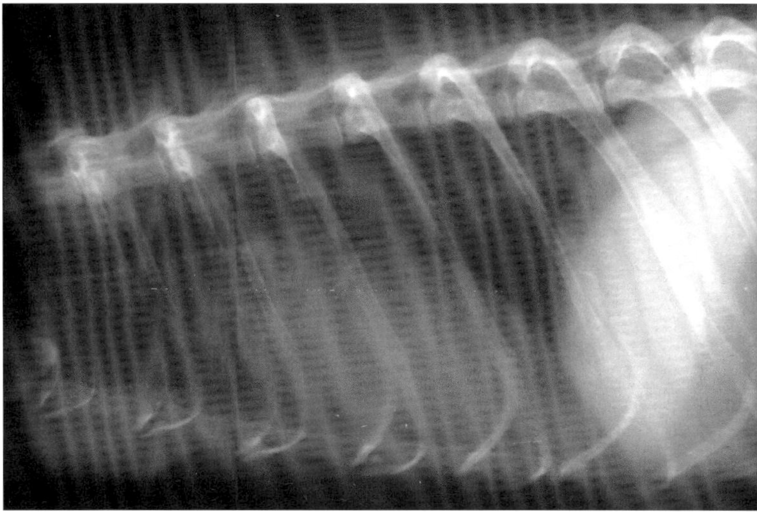

Bild 7: Beginnende Herzinsuffizienz mit gestauten Lungengefäßen über dem Herzschatten.

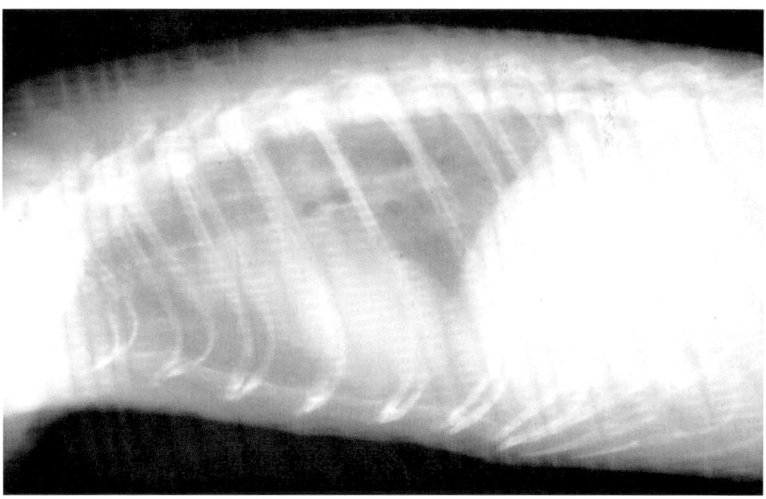

Bild 8: Beginnende Herzinsuffizienz, bei den leichten Verschattungen an der Herzbasis handelt es sich um ein Lungenödem, **nicht** um eine Pneumonie.

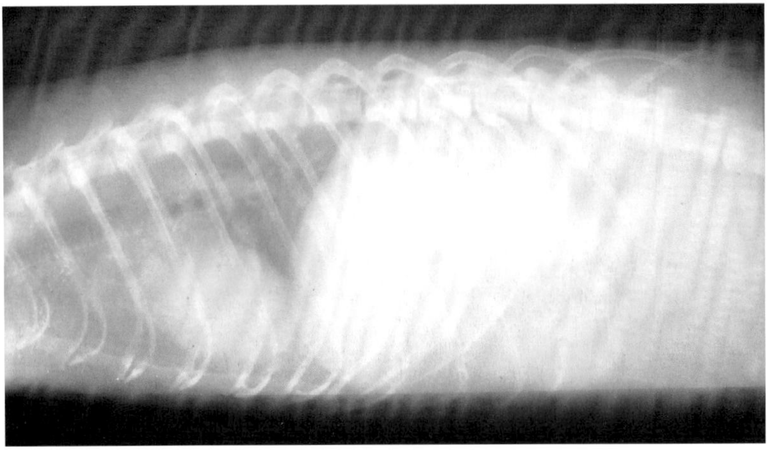

Bild 9: Beginnende Herzinsuffizienz, bei den leichten Verschattungen an der Herzbasis handelt es sich um ein Lungenödem, **nicht** um eine Pneumonie.

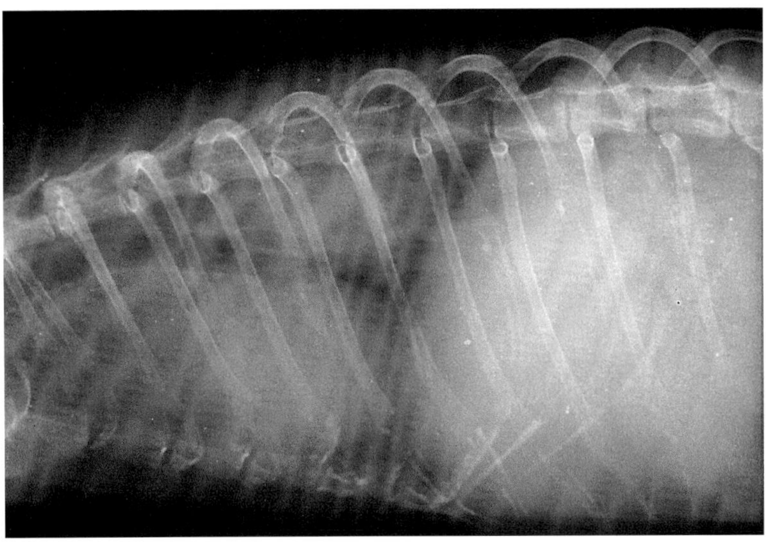

Bild 10: Lungenödem.

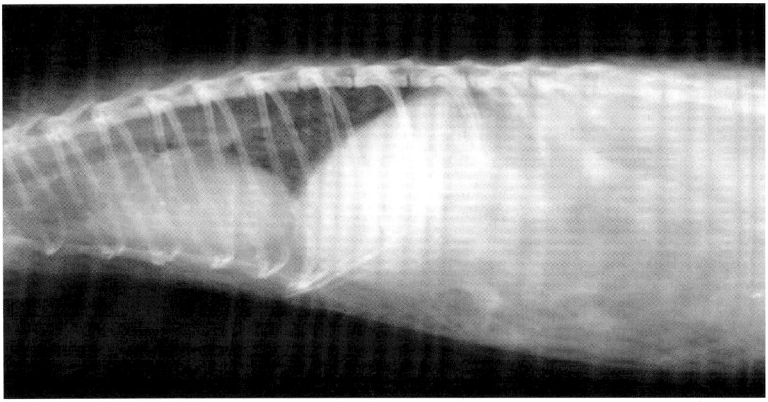

Bild 11: Herzschattenvergrößerung mit Lungenödem.

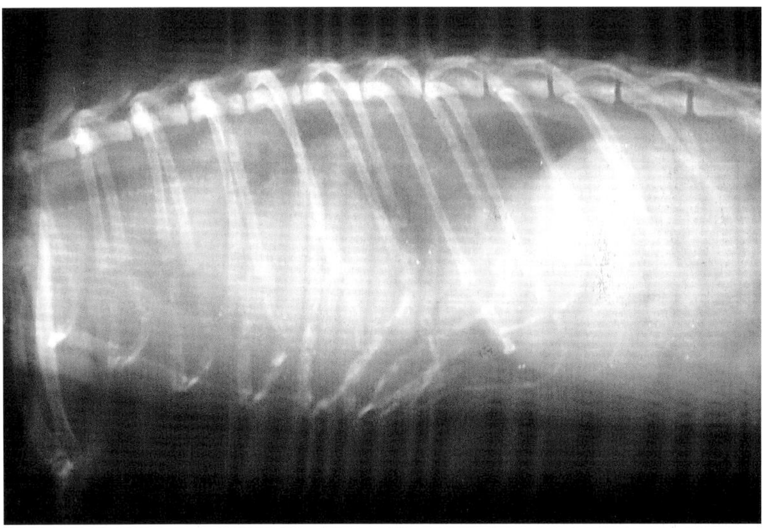

Bild 12: Herzinsuffizienz mit stärkerem Lungenödem und Erguss im Thorax, die Trachea liegt parallel zur Wirbelsäule.

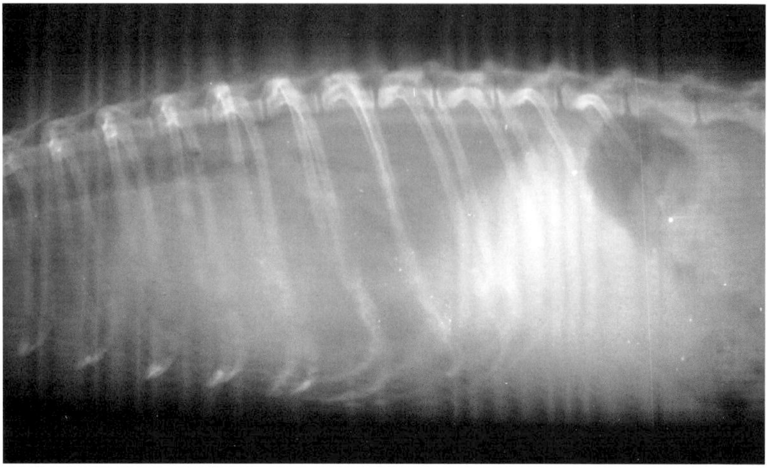

Bild 13: Herzinsuffizienz mit starkem Lungenödem, die Trachea liegt parallel zur Wirbelsäule. Zusätzlich hat das Tier eine Hepatomegalie.

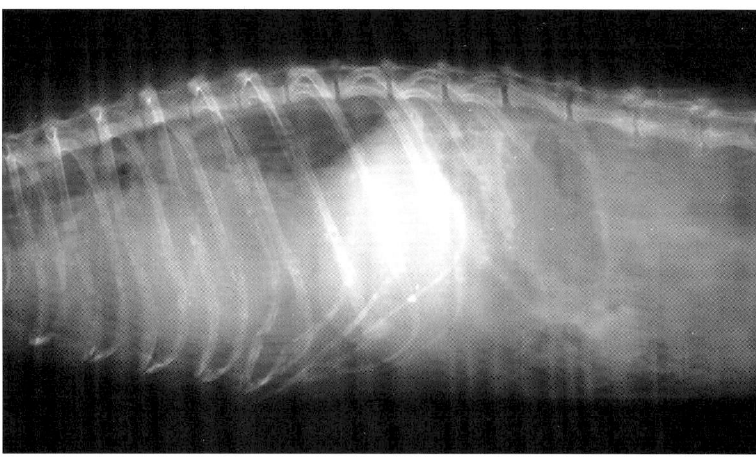

Bild 14: Thoraxerguss und Lungenödem.

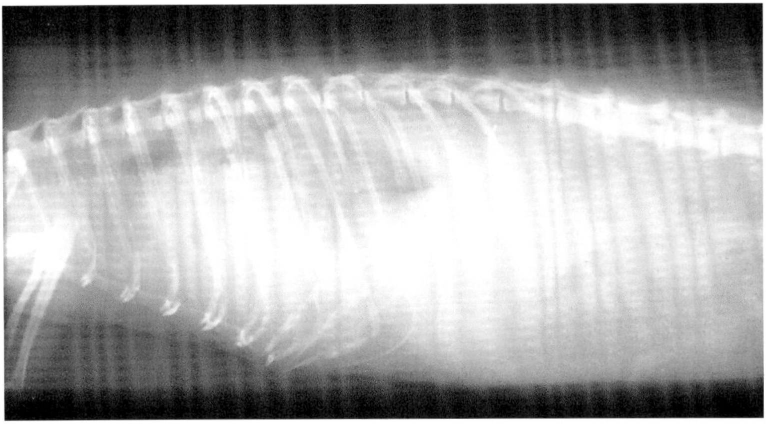

Bild 15 Massives Lungenödem und Thoraxerguss bei einer 5-jährigen Fähe.

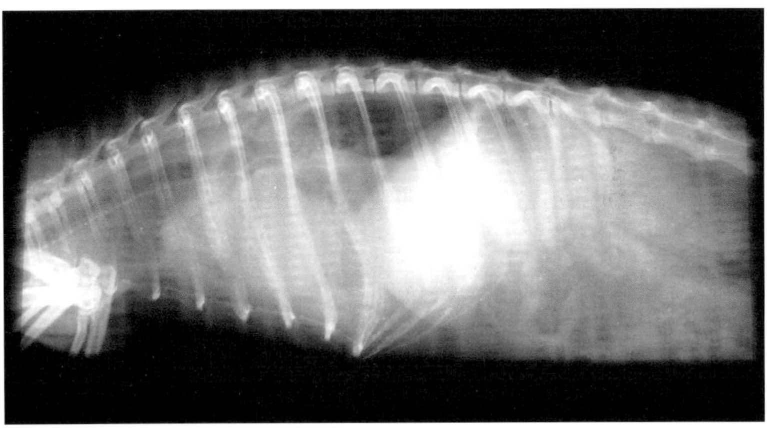

Bild 16: Massives Lungenödem und Herzschattenvergrößerung bei einem 6-jährigen Rüden.

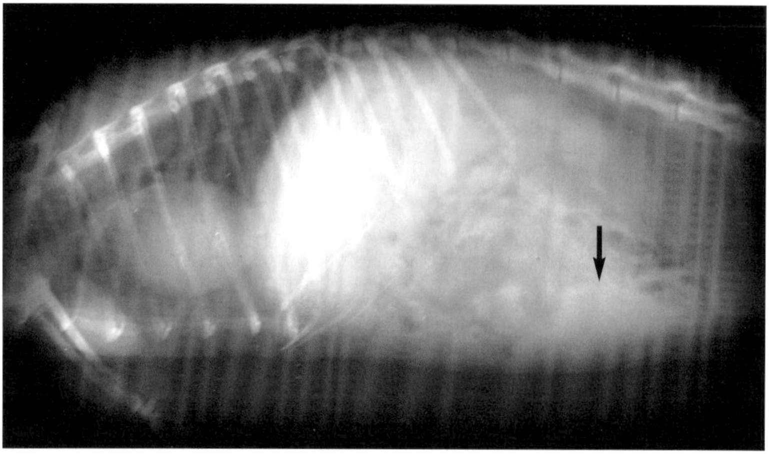

Bild 17: Extreme Vergrößerung des Herzschattens und Splenomegalie.

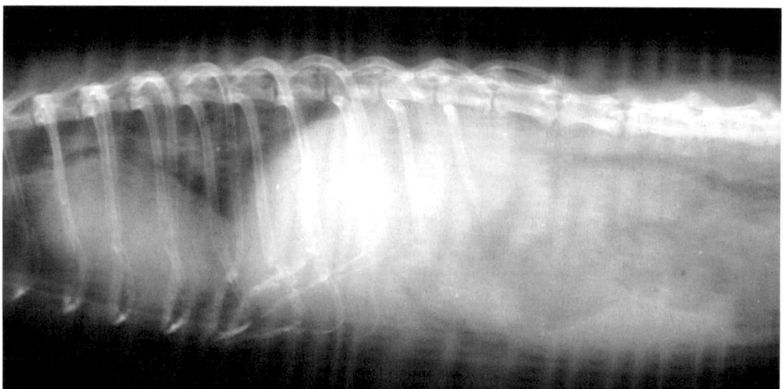

Bild 18: Massive Herzschatten- und Milzvergrößerung.

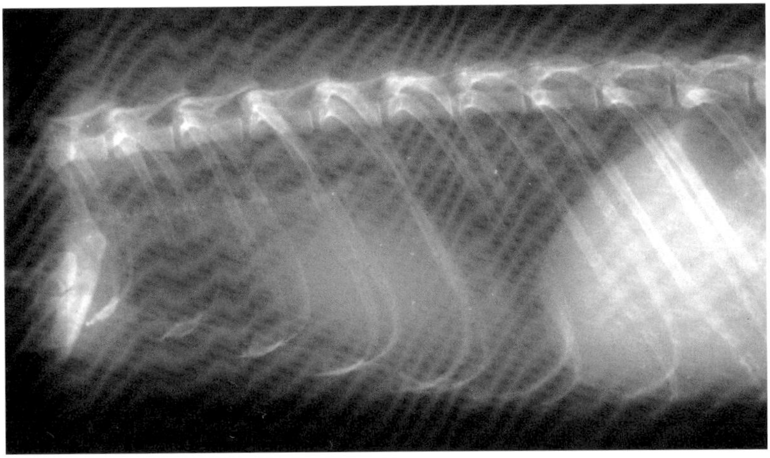

Bild 19: Herzschattenvergrößerung.

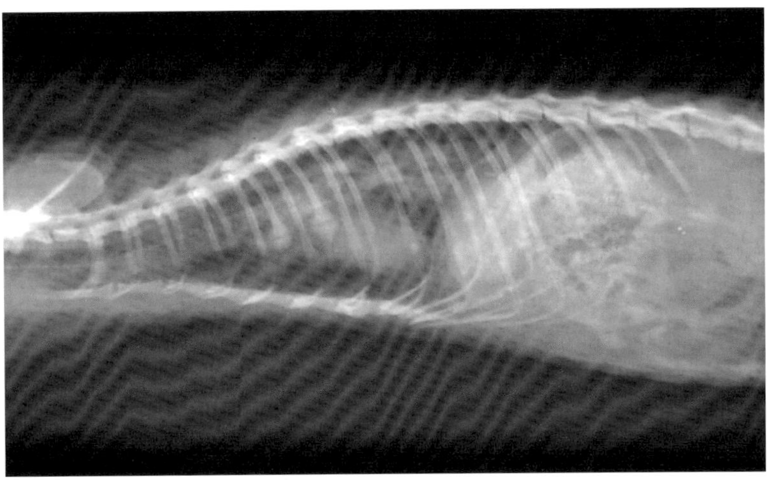

Bild 20: Pneumothorax nach Rippenbrüchen.

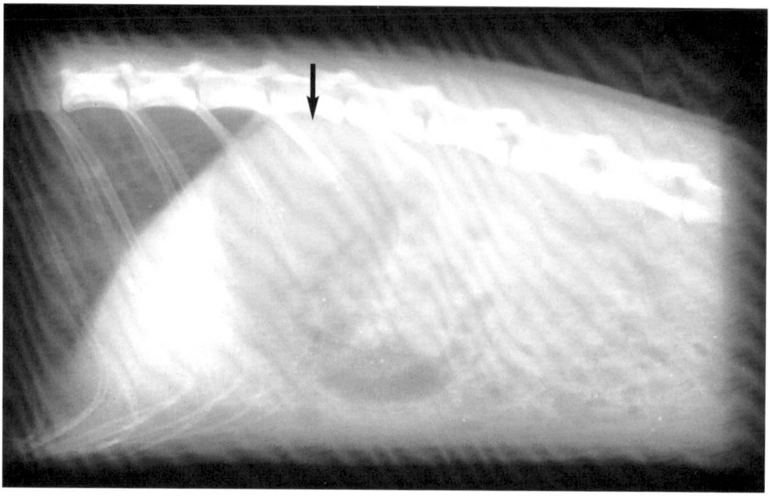

Bild 21: Fremdkörper (Oropax) im Magen, dicht unter der Wirbelsäule.

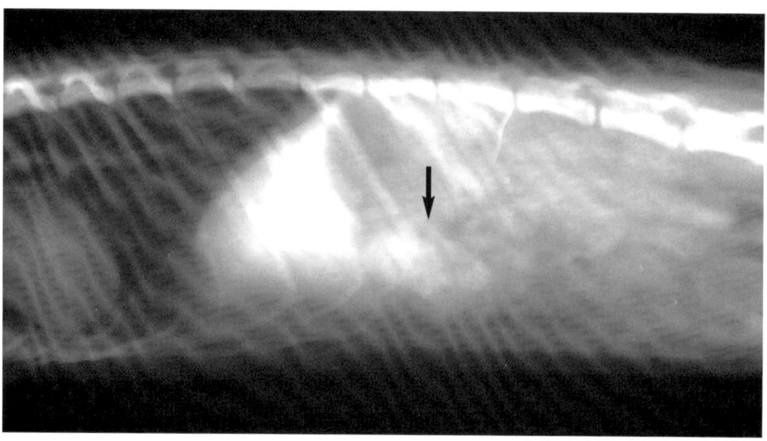

Bild 22: Fremdkörper (Oropax) im Magen, unter dem Rippenbogen.

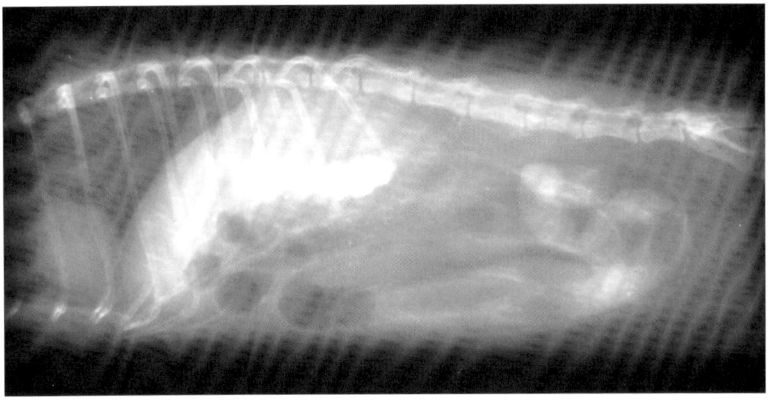

Bild 23: Paralytischer Ileus durch Fehlgärung, es liegt **kein** Fremdkörper vor.

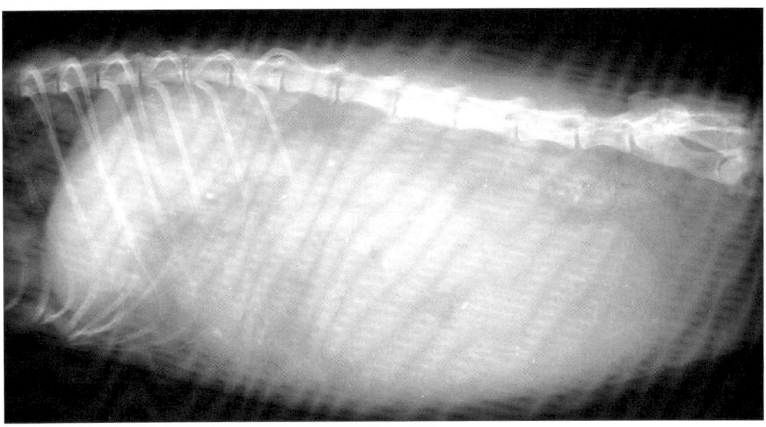

Bild 24: Welpen am 43. Trächtigkeitstag.

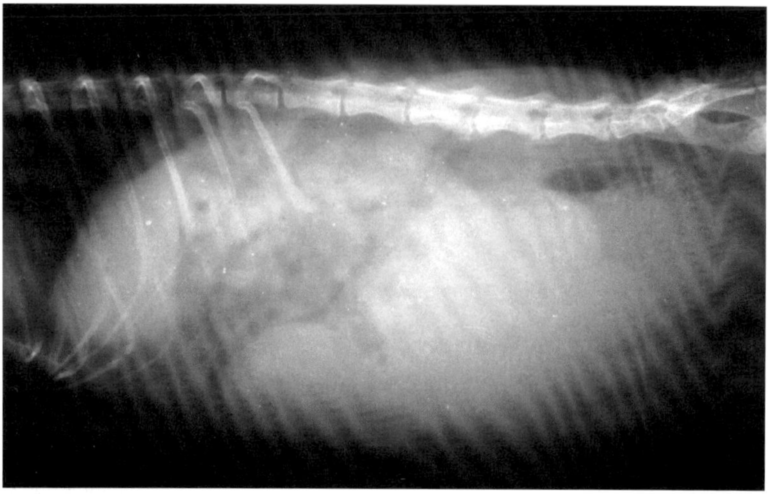

Bild 25: Welpen zum Geburtstermin.

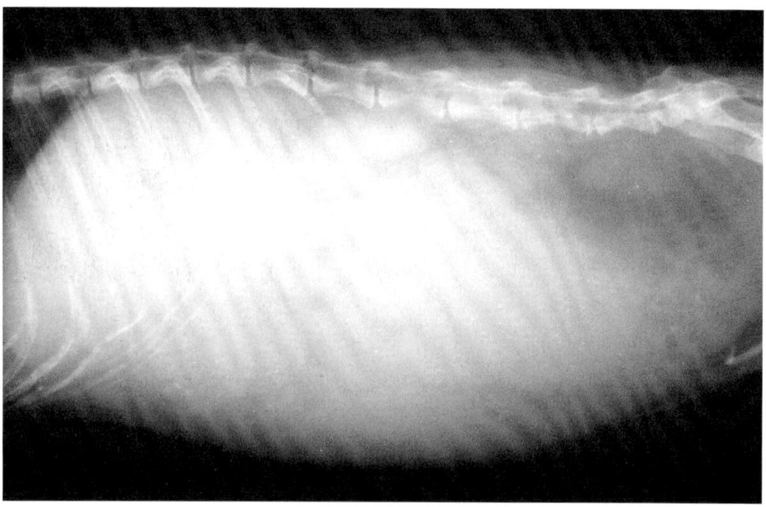

Bild 26: Leukose, diverse riesige Verschattungen im Abdomen, vergrößerte Inguinallymphknoten unter LW 6 bei einem 6-jährigen Rüden.

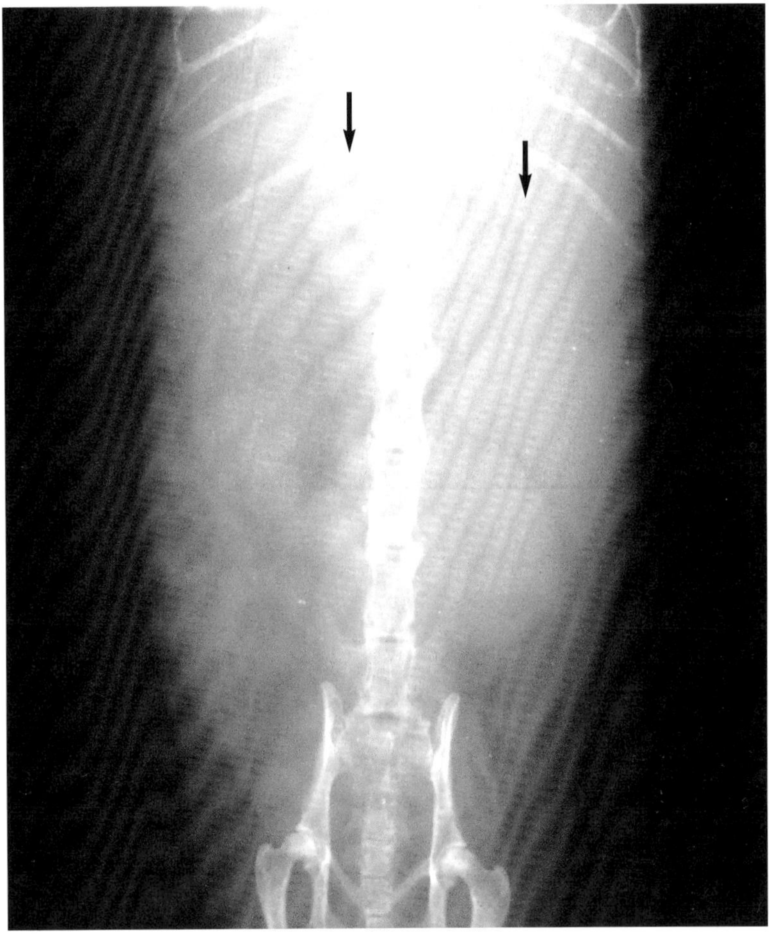

Bild 27: Riesiger dreieckiger Milzschatten li, es liegt kein Milztumor vor, die bohnengroße, rechte Nebenniere ist neben LW 1 sichtbar bei einer 5-jährigen Fähe.

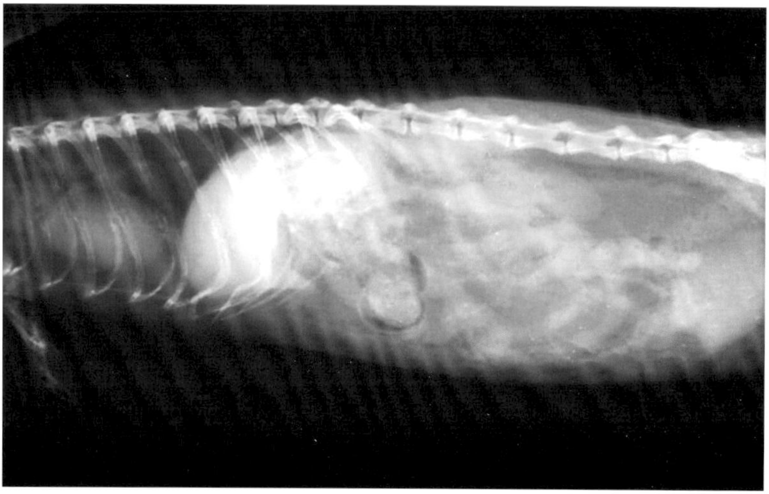

Bild 28: Nebennierentumor bei M. Cushing-Patient, unter LW1/LW2.

IV. Kapitel: Anhang

1. Arzneimittelliste

Antibiotika

Amoxicillin mit Clavulansäure	25 mg/kg
Enrofloxacin	10 mg/kg
Marbofloxacin	2 mg/kg
Metronidazol	2x tgl. 15 mg/kg
Suanatem®	½-1 Tbl./kg
Sulfadoxin/ Trimethoprim	25-30 mg/kg
Tysolin	20 mg/kg

Hormone und Behandlung von Hormonkrankheiten

Progesteronacetat:	Katzendosierung zur Unterbrechung der Rolligkeit
Oxitocin®	1-2 i.E. pro Tier
Ovogest® (HCG)	100 i.E.
Dexamethason	0,3-0,5 mg/kg (Voren® susp. 0,3 ml/kg)
Prednisolon	1-2, evtl. 3 mg/kg
Melatonin	0,5-1 mg/kg
Nizoral®	Ketokonazol 10-15 mg/kg
Proglicem® 25	Diazoxid 5-50 mg/kg
Suprelorin®chip	4,7 mg

Sonstige Medikamente

B-vetsan	3x tgl. 1 Messerspitze
Benazepril	1-2x tgl. 0,25 mg/kg
Buscopan®	0,3-0,5 ml/Tier
Cardiacum Heel®	1-3 Tbl. tgl.
Lanitop liquidum®	0,02 mg/kg (1-2 Tropfen/kg)
Ramipril	0,125 mg/kg
Pimobendan	0,25 mg/kg 2x tgl.

Solosin®, Theophillin	1 Tropfen/kg 1-2x tgl.
Dimazon®, Furosemid	1-2 mg/kg 1-3x tgl.
Flor de piedra	1-3 Tbl. tgl.
Hepeel®	1-3 Tbl. tgl.
Hepar compositum	jeden bis jeden zweiten Tag 1 ml
Solidago compositum	
Leukeran 2 mg	5-7 Tage lang 1/10 bis ½ Tbl. dann 5-7 Tage Pause (Dosis und Dauer je nach Befinden)

Antiparasitika:

Selamectin	15 mg/Tier
Fipronil	0,05-0,1 ml/Ohr
advantage®	0,1 ml/kg
advocate®	0,1 ml/kg
advantix®	0,1 ml/kg
Panakur® fenbendazol	50-75 mg/kg
Ronidazol	15-30 mg/kg
Spartrix®	5 mg/250 g Frettchen

Narkose:

Ketamin	30 mg/kg
Xylazin	0,3-0,4 mg/kg

2. Literaturhinweise für Tierärzte:

„Ferrets, Rabbits and Rodents“
von Hillyer und Quesenberry
ISBN 0-7216-4023-0 im Saunders-Verlag

„Frettchen“ von Gisela Henke
ISBN 978-3-8338-0869-2
ein GU Tierratgeber

www.frettchendoc.de

3. Biographie:

Gisela Henke, 1955 in München geboren, nach der Ausbildung zur Krankengymnastin in Berlin und Tätigkeit als angestellte Krankengymnastin 1981 Beginn des Tiermedizinstudiums an der Freien Universität in Berlin. Danach 7 Jahre Tätigkeit als selbständiger Vertreter und als angestellte Tierärztin. Seit Ende 1994 eigene Praxis in Berlin.

4. Index